Eva Gesine Baur · Isolde Ohlbaum

ZU GAST BEI Verdi

Leidenschaft für die Musik
Lust am Genießen

Mit 57 Rezepten

Foodfotografie
Barbara Lutterbeck

COLLECTION ROLF HEYNE
MÜNCHEN

Juni, 2002
Alles Gute zum Geburtstag
wünschen
Klaus, Barbara & Anna Lena

BILDNACHWEIS:
Aimi, Amos/Leandri, Angela: Giuseppe Verdi, Il nipote dell' oste, P.P.S. Editrice Parma, Parma 1998: 35u, 50, 148 • Archiv für Kunst und Geschichte, Berlin: 8 • Archivio storico Ricordi, Mailand: 108 • Archiv Villa Verdi, Sant' Agata: 49 • Avanzini, Alessandra: Musica a Parma dal medioevo a oggi, Battei, Parma 1999: 37, 82 • Do Maggiore, Supplemento al N. 222 di Casa Vogue, Edizioni Condé Nast, Mailand 1990: 51 • Gatti, Carlo: Verdi nelle immagini, Garzanti Editore, Mailand 1941: 9, 12, 13, 33, 35o, 38, 39, 43, 75, 76, 77, 79o, 79u, 81, 83, 84, 85, 86, 106, 107o, 107u, 110, 111, 116, 117, 147, 148, 149, 150, 151, 159, 160, 164, 165, 167, 202, 210, 212, 213, 220, 223, 224-29 • Hiller, Lutz: 21 • Landon, H.C. Robbins: Das kleine Verdibuch, Residenz Verlag, Salzburg 1976: 153 (Josef Dapra) • Mingardi, Corrado: Con Verdi nella sua terra. Guida breve di Busseto, Roncole e Sant'Agata, Mattioli, Fidenza 1997: 43 • Schieren, Bodo A.: 55, 57, 63, 66, 93, 125, 126, 137 • Weissmann, Adolf: Verdi, Deutsche Verlags-Anstalt, Stuttgart und Berlin 1922: 109

Alle übrigen Landschaftsaufnahmen, Innenbilder, Stillleben und das Titelfoto: Isolde Ohlbaum.
Für die Foodfotografie, die Abbildungen auf der Rückseite des Umschlages und zusätzliche Fotos auf den Seiten 156/157, 158, 196, 203, 208, 221 und 222 zeichnet verantwortlich: Barbara Lutterbeck.

DANKSAGUNG
Es ist uns eine angenehme Pflicht, allen Menschen und Unternehmen, die uns bei der Verwirklichung dieses Buches unterstützt haben, unseren herzlichen Dank auszusprechen. Insbesondere danken wir: *W. Baum*, Antiquitäten Kupfergasse, Köln (Requisiten); *Roberto Bona*, Goslar (Tafeltücher & Servietten); *Ristorante „Porta d'oro"*, Busseto, dort insbesondere dem Inhaber *Mirko Carapezzi* und seinem Chefkoch *Alessio Galli*; *Firma Weinstrasse*, Köln (Requisiten); *Emanuela Carrara Verdi* für die Unterstützung in Villa Verdi, Sant'Agata; *Annalisa Carraglia* vom Ufficio Turistico Busseto.

Vorhergehende Doppelseite:
Im Garten der Villa Sant'Agata

5. Auflage 2001

Umschlaggestaltung:
Hauptmann und Kampa Werbeagentur, CH-Zug
Layout, graphische Gestaltung und Satz:
Greenstuff, Iris & Jochen Grün, München
Herstellung: Karlheinz Rau, München
Repro: PHG, Martinsried
Druck und Bindung:
EBS Editoriale Bortolazzi-Stei, Verona

Printed in Italy

ISBN 3-89910-094-8

Inhalt

Ein grandioser Greis: Der Gesellschaftsmaler Giovanni Boldini porträtierte 1886 den 73-jährigen Verdi als Gesellschaftsstar, etwas missgelaunt, aber mondän, ergraut, aber zeitlos elegant. Verdi selbst liebte jedoch nicht die feinen städtischen Kreise, sondern die einfachen Genüsse in freundschaftlicher Runde.

Der Gastgeber

Ein Genie zwischen Muse, Mais und Molkerei

Vorhergehende Doppelseite: Mit seiner geliebten Giuseppina teilte Verdi auch die Initialen: Das gemeinsame GV schmückte Gläser und Karaffen im Hause Verdi.

Die schönsten Frauen von Mailand können glücklich sein, dass ihr Traum nicht in Erfüllung geht. Auch die Schönheiten von Paris oder London, St. Petersburg oder Rom, Wien oder Berlin – einfach alle, die davon träumen, einmal bei ihm eingeladen zu sein, dem großen Verführer. Diesem Mann, der zu Zylinder, weißem Schal und schwarzem Cape jenen Weltschmerz trägt, der Genies so gut steht. Sie wissen schließlich, was sie erwarten dürfen vom Haus eines Komponisten, der weltberühmt ist, weil er die Menschen durch seine Musik mitreißt, mitlieben und vor allem mitleiden lässt: ein Ambiente, das im Glanz der Preziosen erstrahlt, eine Aura, die geschwängert ist mit Musik, ein Haus, das vibriert vor Lebendigkeit, Sinnlichkeit und exzentrischen Launen. Denn Genies dürfen alles sein außer normal. Und deswegen findet es jeder grandios, dass der elegante, weltläufige Star, der sich feuervergoldete Schließen leistet für den weiten Umhang, auf die Tournee nach St. Petersburg 20 Flaschen Champagner und 120 Flaschen Bordeaux mitnimmt. Und dann von sich behauptet: *Io sono un contadino* („Ich bin ein Bauer").

Sie wären enttäuscht, die schönsten Frauen, die Verdi erlebt haben als Dirigent seiner eigenen Opern, in Mailand oder Paris, in St. Petersburg oder London, in Rom, Wien oder Berlin. Denn Giuseppe Verdi meint es ernst: Er ist ein Bauer, lebt so und benimmt sich so.

Deswegen lädt er vorsichtshalber nur solche Leute nach Hause ein, die ihn so gut kennen, dass sie sich nicht wundern. Oder die zumindest so abgeklärt sind, dass sie nicht leiden, wenn ihre leuchtenden Illusionen jäh erlöschen – was heute noch vielen Verehrern Verdis widerfährt, die sich auf Spurensuche machen. Und dort landen, wo fünfzig Jahre lang der Mittelpunkt seines Lebens liegt: auf dem Gut Sant'Agata di Villanova, drei Kilometer entfernt von der Kleinstadt Busseto, die zur Provinz Parma gehört.

Mailand, im Mai 1848. „Jetzt hat er den Verstand verloren", sagen die meisten aus Verdis Umkreis, als sich herumspricht, was der 34-jährige Star vorhat. Allein stehend, gut aussehend, angehimmelt – und dann ausgerechnet das: Rückzug in die hinterste Provinz. Die meisten halten seine Entscheidung für unverantwortlich und dumm, denn Karrieren werden in Metropolen gemacht. Und selbst Freunde finden diese Aktion nicht romantisch, sondern bestenfalls sentimental. Als Idylle lässt sich dieser abgelegene Landstrich nämlich kaum bezeichnen, in dem Verdi ein Grundstück mit einem heruntergekommenen Herrenhaus gekauft hat, das nicht mal der ärmste Taglöhner Villa nennen würde. Dort gibt es nichts, absolut gar nichts, was für einen Star anziehend sein könnte. Die Bassa Padana, die Po-Ebene zwischen Parma und Piacenza, ist so ereignislos, so weit und flach und leer, dass ein Fremder sich darin schnell verloren fühlt. Die Geometrie der platten Landschaft mit ihren ausgedehnten Mais- und Getreidefeldern, den Senkrechten der steilen Pappeln und schmucklosen Kirchtürme ist nicht einmal im Frühling betörend, wenn ihre Strenge vom weißen Schaum der Obstbaumblüte gemildert wird, wenn sie erhellt wird vom flammenden Rot des Klatschmohns und dem phosphoreszierenden Gelb der Rapsäcker. Wie eine nüchterne, asketische Schwester der Toskana

Eine unbegreifliche Sehnsucht: Warum es Verdi ausgerechnet in seine Heimat zurückzieht, versteht nur, wer Verdi versteht. Denn sie ist weder reich noch reizvoll und bietet in keiner Hinsicht viel Abwechslung.

wirkt sie. Im Hochsommer ist es dort feuchtschwül, und die Stechmücken im Schilf der Flussniederungen piesacken die Anwohner. Und wenn im Spätherbst der Nebel die Landschaft einhüllt, wenn die Weiden wie Hilfe suchend ihre nackten Äste gen Himmel recken, wenn noch im Februar der Schneematsch alle Wege aufweicht und die Hochwasser drohen, dann beschleicht selbst die Einheimischen jene Mischung aus Melancholie und dem Witz der Verzweiflung, der sich hier früher *matàna del Po* – Verrücktheit vom Po – nannte.

Die Magie der Melancholie: Die Landschaft rings um Verdis Ländereien hat nichts vom Charme der nahen Toskana. Weiden statt Zypressen, Pappeln statt Pinien, prüde Ebene statt sinnlicher Hügel. Aber genau das beglückte Verdi, weil es ihn beruhigte – das von Geburt an Vertraute.

Diejenigen, die wissen, dass Verdi von hier stammt, deuten seinen Kauf zwar als eine Handlung aus Heimweh – schließlich haben in dem Kaff Villanova schon seit 1596 seine Vorfahren ihr Geld als Pächter, kleine Händler und Gastwirte verdient, und keine acht Kilometer davon entfernt liegt das Dorf Le Roncole, wo Verdi geboren wurde. Aber verstehen können selbst sie dieses Heimweh nicht recht. Ein Star wie er ist doch in der großen Welt zu Hause, nicht an diesem erbärmlichen Rinnsal der Ongina, die vor seinem Haus vorbeifließt. Und wenn er unbedingt in die Provinz will, vielleicht weil ihn die lärmende Geschäftigkeit, der gesellschaftliche Trubel in Mailand und Paris zu sehr anstrengen – für starke Nerven ist Verdi wahrhaftig nicht berühmt –, warum hat er dann den schönen Palazzo Orlandi in Busseto aufgegeben, anstatt dort ganz einzuziehen? Gut, die Gründe dafür kennen zwar die engeren Freunde, die reden nur nicht darüber.

Aber schon wenige Jahre, nachdem alle den Kopf geschüttelt haben über den Spleen von Giuseppe, gilt jeder, der auf Sant'Agata eingeladen ist, als ein Auserwählter, beneidenswert und schon dieser Ehre wegen bewundernswert. So einer muss etwas haben, dass er eingelassen wird in die frei gewählte Isolation des Maestro. Doch wer immer davon träumt, sei gewarnt: Jeder, der zu Gast ist bei dem, der selbst intime Freundesbriefe noch mit „G. Verdi" unterschreibt, sollte ihn vorher kennen lernen mit seinen Eigenheiten und Angewohnheiten, mit seinen Launen, Lüsten und Lastern.

Bevor wir also die Villa Sant'Agata betreten, hören wir uns um, was über Italiens berühmtesten Mann so geredet wird.
Einer, der ihn sehr gut kennt, beschreibt ihn als einen Spinner, der den Bezug zur Realität verloren hat. Denn offenbar sind ihm seine Fähigkeiten als Heimwerker wichtiger als sein kompositorisches Genie. „Wenn Du ihm sagst, dass sein *Don Carlos* nichts taugt, pfeift er drauf, aber wenn Du seine Fähigkeiten als Maurergehilfe bestreiten würdest, wäre er beleidigt."
Das schreibt Verdi über Verdi an seinen engsten Freund, den Grafen Opprandino Arrivabene. Was den gesellschaftlichen Auftritt angeht, ist Verdis Selbstbeurteilung auch nicht gerade gnädig: Er findet sich ruppig und im Grunde unzumutbar für erlesene Kreise. Menschen, die ähnlich sind, liebt er gerade deswegen. Seinen Schüler Emanuele Muzio, zum Beispiel, einen Schuhmachersohn, der wie Verdi aus einem Dorf in der Nähe von Busseto stammt und in dem Verdi sich selbst wiedererkennt. Über ihn schreibt er in jungen Jahren der betuchten Freundin Clarina Maffei, der Kerl sei zwar gut und habe ein großes Herz. Aber „seine Manieren sind so roh wie die meinen; er ist so ein Bär wie ich".

Offenbar hat sich seit seinen Studienzeiten in Mailand wenig geändert, als Giuseppe Seletti, bei dem er wohnte, ziemlich grantig an seinen Freund Barezzi schrieb, er könne diesen Flegel nicht ausstehen, „und wenn er tausendmal größer und berühmter als Rossini werden sollte, werde ich doch immer sagen, dass ich ihn als arroganten Menschen mit schlechten Manieren gekannt habe, der sich mir gegenüber wie ein Schuft benahm". Wobei die Schuftigkeit sich wahrscheinlich darin äußerte, dass Selettis Tochter ganz gerne mit dem Untermieter angebandelt hätte. Grobe Manieren, trösten sich da die Frauen, die Verdi anbeten, werden oft zurechtgeschliffen, wenn ein Mensch zwischen die Schleifsteine von Spott und Ansprüchlichkeit in einer elitären Gesellschaft gerät.
Es lässt also hoffen, dass der Star nach Paris geht. „Es ist wahr, ich bin seit anderthalb Jahren in Paris (in der Stadt, in der alles gute Manieren bekommen soll)", schreibt Verdi 1848 an Vincenzo Flauto, den Impresario des Teatro San Carlo in Neapel, „aber ich bin – das muss ich wohl beichten – ein schlimmerer Bär als zuvor. Sechs Jahre

Die Zerbrechlichkeit des Kraftprotzes: Vincenzo Gemito modellierte in Neapel ein Bildnis Verdis in Terrakotta, das ihn zeigt, wie er mit fast sechzig Jahren, nachdem er (Neufassungen nicht mitgerechnet) bereits 25 Opern komponiert hatte, noch immer war: in sich gekehrt trotz allen Ruhms, verletzbar trotz allen Erfolgs.

arbeite ich unaufhörlich, wandere von Land zu Land und habe noch nie ein Wort zu Journalisten gesprochen, nie einen Freund um etwas gebeten, niemals reichen Leuten den Hof gemacht, um Erfolg zu haben. Nie, niemals: Ich werde solche Mittel immer verschmähen." Besuche machen bei Leuten, deren auffallendstes Merkmal irgendwelche Titel sind, auf Feste gehen, auf die jeder nur geht, um gesehen zu werden, sich bei Soupers zu langweilen, weil der Gastgeber irgendwo Einfluss besitzt – das liegt Verdi so fern wie charmante Komplimente zu verteilen.

Bühne des Leidens, Bühne der Liebe: Die französische Erstaufführung des tragischen Otello an der Grande Opéra in Paris hatte der 81-jährige Verdi selbst einstudiert. Das führte ihn als alten Mann zurück an den Ort, wo er frisch verliebt und ungeniert mit Giuseppina Strepponi zusammengelebt hatte. Drei Jahre nach der Pariser Premiere war Peppina tot.

Kein Wunder, dass er den Paris-Aufenthalt unterbricht, um Sant' Agata zu kaufen, wo einer wie er unter Bauern, Pächtern, Gastwirten und Feldarbeitern nicht weiter auffällt. Wo man mit Dreck an den Schuhen in die Osteria kommen kann, darf man auch grantig und undiplomatisch sein. Immerhin gibt es Menschen, die seinen so gar nicht salonfeinen Auftritt nicht nur hinnehmen, nein: sogar erklären und entschuldigen. Allen voran sein Freund Giuseppe Giacosa, ein erfolgreicher Dramatiker, dem wir auch eine detailgenaue Beschreibung der Atmosphäre und des Tagesablaufs in Sant'Agata verdanken. Entschieden verteidigt er Verdi gegen die selbst ernannten Anwälte des guten Stils, „die die Patente der Höflichkeit und Liebenswürdigkeit erteilen".

„Verdi", schreibt Giacosa, „wird von vielen für einen groben und reizbaren Menschen gehalten. Wer die Größe seines Werks bedenkt, muss zugeben, dass er einer von den Menschen ist, die am wenigsten Zeit verloren haben." Das ist nicht zu bestreiten: Siebzehn Opern schreibt Verdi in den ersten zehn Jahren seiner Komponistentätigkeit – sein gleichaltriger Kollege Richard Wagner schafft gerade vier. Den *Rigoletto* vertont und instrumentiert er in vierzig Tagen. Und manchmal hat er noch weniger Zeit, denn als müsse er sich selbst nötigen, unterschreibt Verdi Verträge, in denen es heißt: „Vier Wochen vor der Premiere erhält der Komponist das Textbuch."

Unter derartigem Druck so befreit zu komponieren – das schafft keiner, der sich dauernd um Nettigkeiten bemüht und darum buhlt, jedermanns Liebling zu sein. Natürlich erwarten die Journalisten und die Verehrer, die reichen Salondamen und die Opernhausdirektoren von Verdi, dass er sich überall hinstellt zur öffentlichen Verehrung und sich auch rund um die Uhr anbetungswürdig benimmt. Schließlich ist er mit 28 schlagartig zum Idol erhoben worden – zum Idol der Freiheit. Denn da hat Verdi die Hymne des freien und vereinten Italien komponiert, die bis heute die geheime Nationalhymne geblieben ist: *Va pensiero sull ali dorate* („Flieg, Gedanke, auf goldenen Flügeln").

Seit der Gefangenenchor aus *Nabucco* zum ersten Mal auf der Bühne der Scala erklungen ist und die schwelende Nationalbegeisterung zum Auflodern gebracht hat, ist Verdi mehr als Italiens neues musikalisches Genie: Er ist eine Symbolfigur für den Freiheitsdrang in einem besetzten, zersplitterten Land. Und gerade die Opern, die in historischer Verkleidung die Ideen des Risorgimento, der Wiedergeburt Italiens, zum Thema haben, katapultierten den jungen Mann auf den Sockel. Nicht Applaus, nicht Begeisterungsstürme – reine Raserei tobte nach der Uraufführung des *Nabucco* in den Weihehallen, in denen Verdi noch kurz davor Schmähruft und Pfiffe ertragen musste. Die Gänge hinter der Bühne hatten die Mailänder gestürmt, um ihn aufzustöbern, in einem Fackelzug hatten sie ihn von der Oper nach Hause getragen an diesem Abend, und am nächsten Tag stand die ganze Stadt in Flammen für Giuseppe: Die Hutmacher hatten die Fenster voll mit Schlapphüten, wie er sie trug, Krawatten mit Notenschlüssel und der Aufschrift „Nabucco" wurden im Rekordtempo hergestellt, die Patisserien boten Verdi-Pasteten an, und die Köche erfanden eine *Salsa alla Verdi*, eine Sauce, die seiner Heimatprovinz zu Ehren mit Parmaschinken angereichert wurde. Auf den Straßen, bei der Arbeit, in den Salons, überall sangen Männer und Frauen den Gefangenenchor. Straßenkehrer und Wäscherinnen genauso wie Gräfinnen und Bankdirektoren.
(Fortsetzung auf Seite 32)

Ort der Niederlagen, Ort der Triumphe: An der Scala in Mailand hörte Verdi Pfiffe und Potestgeschrei, aber auch haltlosen Jubel. Den ersten überwältigenden Erfolg erlebte er dort – mit Nabucco.

Antipasti e Insalate

Vorspeisen und Salate

Parmigiano Reggiano all'aceto balsamico

Parmesan aus Reggio Emilia mit Balsamessig

200 g nicht zu harter Parmesan,
3–4 EL Aceto balsamico

Den Parmesan in sehr feine Scheiben schneiden, auf einer Porzellan- oder Keramikplatte fächerartig anrichten, mit der Hälfte des Essigs beträufeln und dann bei Zimmertemperatur 15 Minuten ziehen lassen. Dann mit der zweiten Hälfte beträufeln, wieder ziehen lassen und nun erst mit kräftigem Weißbrot servieren.

Wer in der Heimat des Parmesans nach toskanischer Gewohnheit *sedano*, Stangensellerie, dazu bestellt, wird freundlich, aber bestimmt darauf hingewiesen, das sei hier nicht Sitte. Das könnten die Toskaner ruhig machen, weil die ja keinen ordentlichen Parmesan hätten. Beliebt ist es hier jedoch, den Parmesan als Antipasto mit etwas Balsamessig zu servieren. Der muss allerdings so erstklassig wie der Käse sein und darf nichts mit dem zu tun haben, was andernorts in Supermärkten als *aceto balsamico* verkauft wird. Je kleiner und klebriger das Fläschchen, je dunkler und dickflüssiger der Inhalt, je älter und teurer dieses Elixier ist, umso besser gelingt dieses schlichte, grandiose Gericht.

Piadina

Fladenbrot

500 g Mehl, 1 TL Natron oder ½ Päckchen Backpulver,
10 g Salz, 100 g zerlassenes Schweineschmalz,
100 ml lauwarmes Wasser

Mehl, Natron (oder Backpulver) und Salz in eine Rührschüssel sieben und in die Mitte eine Mulde drücken. Das zerlassene Schweineschmalz und etwas lauwarmes Wasser zugießen und nach und nach das Mehl beigeben. Bei Bedarf mehr Wasser zufügen, aber nur so viel, dass die Masse fest bleibt. Mit den Händen zu einem glatten Teig verkneten, den Teig in eine Schüssel geben und mit einem Tuch bedeckt 30 Minuten ruhen lassen. Auf bemehltem Nudelbrett mit bemehltem Nudelholz sehr dünn auswalzen und runde Teigplatten von ca. 20 cm Durchmesser (je nach Pfannengröße) ausschneiden und ohne Fett in der heißen Pfanne von beiden Seiten backen. Heiß servieren.

Die Piadina ist in der Romagna kein Gericht, sondern ein Ritus – Grundnahrungsmittel, Institution und Tradition zugleich. Eigentlich handelt es sich dabei um eine Variante der Focaccia, des traditionellen Fladenbrots der Italiener. Für dieses ungesäuerte Brot, das seit Jahrhunderten nach demselben Rezept zubereitet wird, verwendet man keine Hefe. Ursprünglich wurde die Piadina auf einer feuerfesten Steingutplatte gebacken. Gegessen wird sie als Antipasto, als Beilage zum Auftunken von Sauce oder als Imbiss. Sie wird pur oder gefüllt, süß oder salzig gegessen. Mal kombiniert mit Squaqueron, einem milden Frischkäse, mal mit Salami, Parmaschinken, gekochtem Schweineschinken oder Mortadella. An Allerheiligen gibt es eine *Piada dei morti*. Diese den Toten geweihte Version macht Tote lebendig: Sie wird mit Rosinen, Pinienkernen, Zimt, Zucker und Rotwein serviert.

Wahrscheinlich ist die Piadina jüdischen Einwohnern Italiens zu verdanken – in der heutigen Emilia-Romagna gab es bis zu Verdis Zeit große und vermögende jüdische Gemeinden –, handelt es sich dabei doch um eine Variante ihrer Matze, des ungesäuerten Brotes.

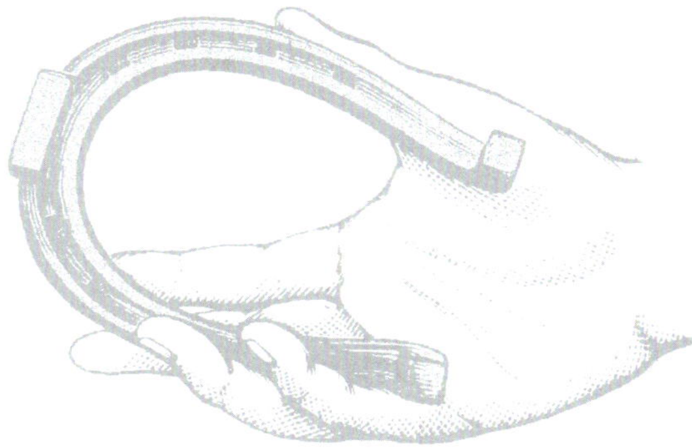

Insalata del maniscalco

Salat nach Art des Hufschmieds

3–4 Köpfe Radicchio,
350 g junger Parmesan am Stück,
Balsamessig, Salz, Pfeffer aus der Mühle,
Olivenöl

Den Radicchio in seine einzelnen Blätter zerlegen, gründlich putzen, waschen und trocknen. Die trockenen Blätter in mundgerechte Stücke reißen und in eine Salatschüssel legen. Den Parmesan dünn darüber hobeln und vorsichtig unter den Salat mischen. Dann so viel Balsamessig darüber träufeln, dass die Parmesanspäne etwas Farbe annehmen. Olivenöl darüber geben, alles salzen und pfeffern und sehr sorgfältig durchmischen. Einige Minuten ziehen lassen und mit Weißbrot servieren.

Sformatino di Parmigiano

Parmesanflan

1 dl süße Sahne, 1 gestrichener EL Mehl, 1 dl Vollmilch, 2 verquirlte Eier, 120 g frisch geriebener Parmesan, Salz, Muskatnuss, Pfeffer aus der Mühle

Vier Timball-Förmchen ausbuttern und den Backofen auf 150 °C vorheizen. Die Sahne mit dem Mehl glatt rühren, Milch, Eier und Parmesan zugeben, salzen, pfeffern und etwas Muskatnuss darüber reiben. Alles gut verrühren, in die Förmchen füllen, diese ins Wasserbad stellen und in der Mitte des Ofens 30 Minuten pochieren. Stürzen und mit Sahnesauce (siehe Seite 218) servieren. In der Trüffelzeit hobeln die glücklichen Emilianer natürlich noch etwas von der feinen Knolle darüber.

Frittata all'aceto balsamico

Omelett mit Balsamessig

4 Zwiebeln, 2 EL Olivenöl, 2 EL Butter, 6 Eier,
4 gehäufte EL frisch geriebener Parmesan,
alter Balsamessig erster Qualität

Fritäda hätte Verdi im Parmigianer Dialekt zu diesem Gericht gesagt – eine einfache und preiswerte Köstlichkeit, ganz nach seinem Geschmack.

Die Zwiebeln in feine Ringe hobeln und in der erhitzten Butter-Olivenöl-Mischung glasig dünsten. Währenddessen die Eier verquirlen und mit dem Parmesan vermischen. Sind die Zwiebeln angebräunt und mürbe, die Ei-Käse-Masse darüber gießen und auf kleiner Flamme stocken lassen. Vorsichtig wenden und nun auf der anderen Seite kurz anbraten. Auf eine vorgewärmte Platte gleiten lassen, mit ein paar Tropfen Balsamessig benetzen und sofort servieren.

Beweis des Erfolges: In Busseto, wo er als Ladengehilfe begonnen hatte, erwarb Verdi 1845 den prächtigen Palazzo Orlandi.

Consum ~ Cassoni

Gemüsetaschen aus der Pfanne

Für die Füllung:
750 g Blattspinat oder Mangold, 2 zerriebene Knoblauchzehen, Salz,
3 EL Butter, 1 EL Olivenöl, 1 mittelgroße Zwiebel, fein gehackt,
Pfeffer aus der Mühle, 1 EL eingeweichte Sultaninen
Für den Teig:
250 g Mehl, 3 Eier, 100 ml Vollmilch

Schöner sieht das Gericht aus, wenn die fertigen Taschen in reichlich heißem Schweineschmalz von beiden Seiten goldbraun ausgebacken werden. Dann nennen sie sich Cassoni. Nach dem Ausbacken auf Küchenkrepp abtropfen lassen und heiß auf einer vorgewärmten Platte servieren.

Den Spinat oder Mangold waschen, in leicht gesalzenem Wasser blanchieren, abtropfen lassen, gut ausdrücken und grob hacken. Butter und Olivenöl in der Pfanne zerlassen, die Zwiebeln darin goldgelb bräunen, den Knoblauch zufügen, kurz Farbe nehmen lassen, dann den Spinat oder den Mangold zugeben, kräftig rühren, pfeffern und salzen. Dann die Sultaninen zufügen und die Pfanne vom Herd nehmen. Das Mehl in eine Rührschüssel sieben, eine Prise Salz darüber streuen, eine Mulde in die Mitte drücken, die Eier hineingeben und mit der Gabel alles vermischen. Nach und nach die Milch zugeben, so dass die Masse nicht mehr am Schüsselrand klebt. Nun zu einem glatten Teig verkneten und auf bemehlter Arbeitsfläche mit bemehltem Nudelholz auswalzen.

Mit Hilfe eines Glases Teigplättchen von ca. 10 cm Durchmesser ausstechen, jeweils zur Hälfte mit der Spinat- oder Mangoldfüllung belegen und dabei einen fingerbreiten Rand frei lassen, die Hälften übereinander klappen und die Ränder mit dem Gabelrücken festdrücken.

Eine gusseiserne Pfanne erhitzen und die Fladen darin von beiden Seiten backen, so dass sie an der Oberfläche dunkle Flecken bekommen. Die Temperatur immer wieder regulieren, damit sie nicht verbrennen.

Torta di riso con la zucca

Reis-Kürbis-Torte

½ l Wasser, 400 ml Milch, 1 Prise Salz,
500 g Riesenkürbis oder Muskatkürbis,
300 g Rundkornreis, 75 g frisch geriebener Parmesan,
130 g frische Ricotta, 1 Ei, 2 EL Butter,
Salz, Pfeffer aus der Mühle, 250 g Mehl,
2 EL Olivenöl, Öl für die Form, frische Semmelbrösel

Das Wasser und die Milch mit etwas Salz zum Kochen bringen, den Reis zugeben, ca. 10 Minuten garen und dann abgießen. Den Kürbis schälen, von der Wolle und den Kernen befreien und in Stücke schneiden. Dann mit der Gemüsereibe auf ein sauberes Tuch reiben, das Tuch zusammennehmen und alle Flüssigkeit herausdrücken – sonst suppt die Torte nachher. Nun das Kürbisfleisch mit dem Reis, der Ricotta, dem Ei und der Butter vermischen, salzen und pfeffern.

Das Mehl auf die Arbeitsfläche sieben, eine Mulde in die Mitte drücken, Olivenöl und ein wenig Wasser hineingießen und das Ganze zu einem glatten Teig verarbeiten; wenn nötig, etwas Wasser zugeben. Teig dünn ausrollen und runde Teigplatten von 32 cm und 26 cm Durchmesser ausschneiden. Eine Springform von 26 cm Durchmesser ausfetten, mit Semmelbröseln ausstreuen. Größere Teigplatte und Reismischung hineingeben. Dann die zweite Teigplatte auf die Füllung legen und Teigränder des Deckels und des unteren Teils fest aneinanderdrücken. Den Deckel mit Olivenöl bestreichen und mehrmals mit einer Gabel einstechen. Im vorgeheizten Backofen bei 180 °C ca. 45 Minuten backen. Die Torte kann heiß oder lauwarm gegessen werden.

Mortadella fritta

Ausgebackene Mortadella

4 Scheiben Mortadella von 1 ½ bis 2 cm Dicke, ½ l Vollmilch,
1 großes Ei, 100 g Mehl, Salz, Pfeffer aus der Mühle,
1 Prise Muskatnuss, 100 g frische Semmelbrösel,
Sonnenblumenöl zum Ausbacken

Die Mortadellascheiben vierteln, in eine Schüssel legen, mit lauwarmer Milch übergießen und 2 Stunden stehen lassen. Dann die Milch abgießen, die Mortadellascheiben mit Küchenkrepp trocken tupfen und in Mehl wenden. Das Ei verquirlen, salzen und pfeffern und etwas Muskatnuss hineinreiben. Die Mortadellastücke in das Ei tauchen, in den Semmelbröseln wenden und in sehr heißem Öl goldbraun backen. Auf Küchenkrepp abtropfen lassen und auf einer vorgewärmten Platte sehr heiß servieren.

Die Etymologen sind sich nicht einig, was die Mortadella angeht. Ob sie ihren Namen von der römischen *myrtata* hat, einer mit Myrte gewürzten Wurstsorte, oder ob sie ihre heutige Bezeichnung ableitet vom lateinischen Wort für den Mörser, *mortarium*, in dem früher die Gewürze für die Wurst zu einer Paste verrieben wurden. Einig sind sich die Bologneser, dass die Wurst in ihrer Stadt um 1300 erfunden worden sei. Und nahezu alle Genießer in der Romagna und der Emilia meinen, dass diese Wurst, die Könner von einem möglichst großen Laib nicht mit der Maschine, sondern von Hand mit dem Messer in dicken Schnitzen oder Scheiben herunterschneiden, eine Delikatesse sei.

Besonders gut schmeckt dieses Gericht, wenn die Semmelbrösel hausgemacht sind. Dazu Weißbrot im Backofen bei 50 °C trocknen und dann in der Küchenmaschine reiben.

Gnocco fritto

Gebackener Kloß

40 g frische Hefe, ½ l lauwarmes Wasser,
500 g Mehl, 60 g Schweineschmalz,
Sonnenblumenöl oder
Schweineschmalz zum Ausbacken

Die Hefe im lauwarmen Wasser gut auflösen und 15 Minuten ruhen lassen. Mehl in eine Rührschüssel sieben, Salz darüber streuen und eine Mulde in die Mitte drücken. Das zerlassene Schweineschmalz und die Hefemischung hineingießen und mit der Gabel unterziehen. Bei Bedarf etwas lauwarmes Wasser zugeben. Auf bemehlter Arbeitsfläche mit der Hand zu einem glatten Teig verkneten, zu einer Kugel formen, in eine Schüssel legen und mit einem Tuch bedeckt 1 Stunde gehen lassen.

Dann den Teig auf bemehlter Fläche mit bemehltem Nudelholz ca. 3 mm dünn ausrollen. Mit dem Teigrädchen Rauten oder Quadrate von ca. 5 cm Seitenlänge ausschneiden und portionsweise im heißen Schmalz oder Öl goldbraun und knusprig backen. Auf Küchenkrepp kurz abtropfen lassen und sehr heiß servieren.

Mit dem Wort *gnocchi* im heutigen Sprachgebrauch hat dieser *gnocco* nichts zu tun. Das pikante Schmalzgebäck ist eine emilianische Spezialität. Und lokale Traditionen werden in der Emilia wie der Romagna liebevoll gepflegt – auch sprachliche. Was in Reggio Emilia und Modena *gnocco fritto* oder *gnocc frett* und in Parma *torta fritta* heißt, nennen die Bologneser *crescenti*. Das Rezept bleibt sich aber gleich. Mit diesem Gericht beweist in Verdis Heimat eine Hausfrau, dass sie über die legendäre emilianische Kultur von Schmalz und Pfanne verfügt.

Gotteshaus fürs Volk: Verdi hat diese Kirche von Sant'Agata wohl kaum besucht – er verfügte über eine Privatkapelle.

Vorhergehende Doppelseite: Warmes Plätzchen für zarte Pflänzchen. Hier dürfen die Orangen- und Zitronenbäume oder auch die Oleandersträucher überwintern.

Selbstverständlich verübeln sie es ihrem Idol dann, dass es sich mit 34 Jahren zurückzieht und in der Einsamkeit von Sant'Agata für fünfzig Jahre, von den Reisen, Proben und Auftritten abgesehen, vor der Welt verschließt. Dass Verdi unzugänglich wird für alle, die nicht seine Freunde sind. Giacosa jedoch wirbt um Verständnis für diese Aktion, denn „eine zugängliche Person", erklärt er, sei „unermesslichem Zeitverlust ausgesetzt". Also kann und darf ein Genie gar nicht zugänglich sein, weil sonst jeder den Fuß in die Tür setzt. „Wer den Grad von Berühmtheit erlangt, der Verdi schon in seiner Jugend zugekommen ist", erklärt Giacosa, „wird zum Ziel von hunderttausend Bittstellern, Neugierigen, eitlen Personen, Fanatikern, Philanthropen, Schacherern, unverstandenen Genies, eifrigen Ratgebern und Leuten, die zu neuen Entdeckungen und künstlerischen Methoden anregen wollen. Jeder verlangt nicht mehr als zehn Minuten, aber alle zusammen würden sie zehn Stunden des Tages in Anspruch nehmen. Und sie zu überzeugen, dass man keine Zeit zu verlieren hat, würde ebenso viel Zeit kosten wie sie anzuhören. Rechnen Sie nun die öffentlichen und beruflichen Scherereien, die Einladungen und die Briefe dazu, und sagen Sie mir, ob die Menschheit Verdi nicht der Hälfte seiner Meisterwerke beraubt hätte, wenn er auch nur die Hälfte der Leute zufrieden stellen wollte, die ihn so freundlich bedrängen." Das alles schreibt Giacosa, 34 Jahre jünger als Verdi, erst, als sich die Welt gewöhnt hat an die Sturheit des Genies. Im Nachhinein spricht der Freund Verdis Verhalten heilig, im Nachhinein erklärt er, dass es nur eine Lösung gegeben haben kann, diesem Terror zu entkommen: „sich zurückzuziehen und den *Ruf eines Bären* zu erwerben".

Gepflegter Gutsbesitzer: Verdi nannte sich einen Bauern, aber er legte großen Wert auf klassisch-strenge Kleidung – auch noch, wie dieses Foto belegt, im Alter von 86 Jahren.

Den hat Verdi sich gründlich erworben. Und auch das Alter, das bekanntlich nicht nur die allzu herben Weine, sondern auch die allzu rauen Menschen milder macht, zeitigt bei Verdi keine entsprechende Wirkung. Er ist eben in jeder Hinsicht eine Ausnahmeerscheinung. Noch als 66-Jähriger gesteht er in einem Brief an Clarina Maffei: „Ich bin wirklich nicht sehr liebenswürdig im Theater [...] und auch sonst."

Wer zu Gast bei Giuseppe Verdi ist, darf keine Mimose sein. Und darf außerdem nicht erwarten, einen Prominentenhaushalt vorzufinden, in dem jeder Besucher umschwirrt wird von geschäftigen Bediensteten. Verdi sucht auf dem Land keinen Luxus, sondern Ruhe. Denn es ist nicht nur die Flucht vor der Gesellschaft, die Verdi dazu treibt, sich ein halbes Jahrhundert lang auf Sant'Agata zu verkriechen und nur für Verhandlungen, Proben und Premieren in den Metropolen der Welt aufzutauchen. Er flieht auch vor dem, was andere begierig erwerben wollen: vor dem Ruhm. „Es ist eine arge Plage, berühmt zu sein", schreibt er einmal an Arrivabene. „Die armen kleinen großen Männer, die es sind, sie bezahlen für ihre Popularität recht teuer. Nie gibt es für sie eine Stunde Ruhe, nicht im Leben und nicht im Tod. Ich verlasse Dich und gehe in die Felder. Das ist gegenwärtig meine Beschäftigung. Das Wetter ist schön, und ich laufe vom Morgen bis zum Abend. Es ist ein sehr prosaisches Leben, aber man fühlt sich wohl."

Ein reich gewordener Maestro flaniert auf dem Land, um sich von den Anstrengungen des Berühmtseins zu erholen – das ist eine Vorstellung, die jedem eingeht. Doch wer Verdi besucht, sollte sich schleunigst davon verabschieden. Denn Freunde bekommen über den Starkomponisten ganz anderes zu hören. „Der Maestro befindet sich entweder im Zug nach Genua oder in einem Brunnen von Sant'Agata", erfährt Verdis Intimus Opprandino Arrivabene. „Diesem oben erwähnten Maestro ist nämlich die Idee in den Kopf geschossen, eine Dampfmaschine konstruieren zu lassen, um Wasser aus einem kleinen Bach zu pumpen, der an seinem Haus vorbeifließt. Zur Ausführung dieser Absicht wird 6 Meter unter der Erde eine 25 Meter lange Leitung benötigt, außerdem ein etwa 7 Meter tiefer Brunnen. In dieser Tiefe finden sich Unmengen von Wasser und Sand, was die Maurerarbeit außerordentlich erschwert. Der vorher rühmlich genannte Maestro befindet sich den ganzen Tag lang dort unten."

Es ist nicht etwa ein verärgerter Angestellter, der die wenig feinen Freizeitbeschäftigungen des Meisters ausplaudert, es ist Maestro Verdi persönlich. Da ist er vierundvierzig. Lebt seine überschüssigen Kräfte aus, könnte man meinen. Beim Komponieren bewegt man sich nun mal wenig. Und sicher, hoffen viele, sind das auch Symptome des Aussteigertums, die sich bald legen. Was sich legt, ist jedoch nur die Euphorie, der Arbeitseifer nicht.

Gänse vom Genie: Verdi aß gern Geflügel und züchtete es selbst. Zum Erstaunen und zum Genuss der Gäste.

Verdi geht auf all die Pflanzen- und Viehmärkte in der Umgegend, feilscht um die Preise von Kälbern und Kühen, züchtet Pferde und Geflügel, legt Drainagen, baut an und um, richtet eine eigene Molkerei und Käserei ein und schlägt sich mit seinem Personal herum, an dem er dauernd etwas auszusetzen hat. Mal staucht er den Verwalter zurecht, mal tritt er verbal dem Gärtner ins Kreuz. „Peppina bat vor mehreren Tagen den Kerl, den man unseren Gärtner nennt, einen großen Korb mit Blumen aller Arten für Euch zu machen", schreibt er empört an seine alte Freundin Clarina Maffei. „Dieser unser so genannter Gärtner kam schwer verlegen zu mir und sagte, dass er außer Rosen fast keine Blumen habe, erstens weil er sehr wenige pflanzen ließe und dann, weil die wenigen von den vielen Regengüssen ruiniert worden seien."

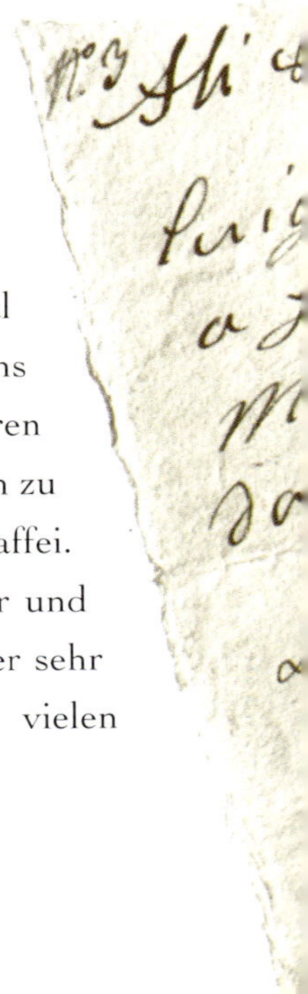

Anlass für Ärger: Verdis Dienerschaft hatte es nicht leicht, denn der Meister war streng und dauernd unzufrieden.

Richtiggehend wütend wird er aber, wenn die Angestellten ihm Vorschriften machen wollen. „Ich hasse alle Tyranneien, und besonders die häuslichen", schimpft er in einem anderen Brief an Clarina. „Jetzt sind die Großen Gärtner, die Großen Köche, die Großen Kutscher die wahren Tyrannen eines Hauses. Bei denen dürft Ihr keine Blume in Eurem Garten anrühren, kein einfaches Ei mit Salat essen, Eure Pferde nicht gebrauchen, wenn es regnet oder wenn die Sonne scheint." Aber über dem Gezeter vergisst er nicht, sich lustig zu machen über den Herrn im Haus, den die Diener zu entmündigen versuchen. „Nein, nein, unter den Tyrannen des Hauses genüge ich allein, und ich weiß recht wohl, welche Mühe mich das kostet!!!"

Aber in der Provinz ist es nun einmal schwierig, Personal zu finden, wie Verdi es sich vorstellt. „Hast Du einen Kutscher", fragt er an bei Giovanni Maloberti, einem alten Freund in Piacenza, „der gefällig, tüchtig und anständig ist und sich nicht betrinkt? Wenn Du einen hast, schicke ihn schnellstens, denn ich habe Francesco gestern Abend unverzüglich hinausgeworfen, weil er von Cremona betrunken zurückkam (nicht das erste Mal) und sich äußerst schlecht benommen hat."

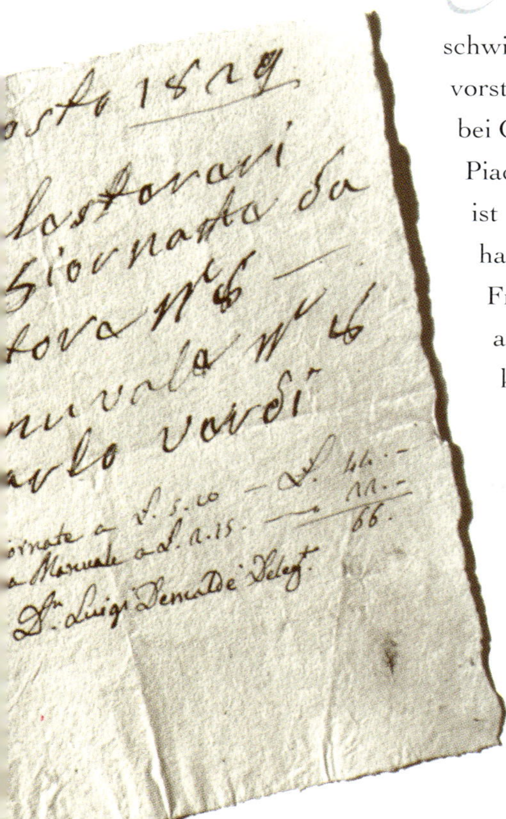

Buchhaltung nach Vaters Art: Carlo Verdi, angeblich Analphabet, schrieb diese Quittung 1829. Sein Sohn schrieb auf die Rückseite von kleinen Quittungen zuweilen große Kompositionen.

Wer zu Gast ist bei Verdi, muss sich also mit Geduld wappnen, denn regelmäßig wirft er einen seiner Angestellten fristlos hinaus – ohne Rücksicht darauf, ob der bald zu ersetzen ist. Die Besucher auf Sant'Agata müssen sich auch damit abfinden, dass der Gastgeber öfters schlecht gelaunt ist wegen seiner Personalquerelen. Besonders gereizt reagiert er, wenn die Leute eigenmächtig gegen seine Direktiven verstoßen. „Überhaupt möchte ich mal wissen, ob man meine Anordnungen respektieren will oder nicht. [...] Ihr werdet niemals lernen zu befehlen und auch nicht gehorchen lernen!!", schimpft er den Verwalter Merenghi. Giuseppina bekommt leider auch noch einiges ab, wenn er auf die Angestellten wütend ist. Er sei, beschwert sie sich in ihrem geheimen Tagebuch, „so voreingenommen gegen das Hauspersonal und gegen mich, dass ich gar nicht weiß, mit was für Worten und in welchem Ton ich mit ihm sprechen muss, damit er sich nicht angegriffen fühlt."

Was die Feldarbeiter angeht, traut er nur einem zu, sie zu beaufsichtigen, der dann auch jeden Tag die lange Platanenallee entlang reitet, die zwischen den Äckern hindurchführt: einem Typen, der sich aber auch sonst überall einmischt und überall mit anfassen will. Den ganzen Tag, schreibt Verdi aus Sant'Agata an Arrivabene am 16. Juni 1867, stecke der in seinen Arbeiten für die Bewässerungsanlage, „teils um die Arbeiter zu ermutigen, teils um sie zu schelten, und vor allem, um sie zu dirigieren. Sie dirigieren?!!! Das ist die schwache Seite des Herrn Maestro." Aus dieser Selbsterkenntnis heraus verfällt Verdi auf die Idee, einen Verwalter einzustellen, der aus dem musikalischen Metier kommt: Mauro Corticelli, ein vollsaftiges Original aus Bologna, berüchtigt als genusssüchtiger Schürzenjäger – eine Art lebender Falstaff, der auch eine Zeit lang als Theateragent gearbeitet hat – wahrscheinlich wegen des Jagdreviers. Corticelli ist bei allen Marotten ein Vertrauter; trotzdem macht es Verdi nervös, wenn er nicht selbst nach dem Rechten sehen kann, weil er auf Reisen ist. Vor allem die Behandlung seiner Fohlen ist dem Pferdezüchter Verdi ein Anliegen, und er gibt exakte Anweisungen, wie sie zu behandeln seien. Aber nicht nur im Detail hält er es für nötig, Corticelli Direktiven zu hinterlassen, generell scheint der ihm nicht im Stande, selbstständig das Richtige zu tun.

Haus der Kindheit: Hier in Le Roncole, wo die Eltern eine Osteria mit Lebensmittelgeschäft führten, wurde Verdi groß. Linke Seite: Flüsschen der Wiederkehr. An der Ongina hatten Verdis Ahnen bereits einen Gasthof, an die Ongina kehrte Verdi zurück, als er Sant'Agata kaufte.

Erinnerung an den Meister: Von allen Angestellten überlebte der viel gerügte Gärtner den gestrengen Chef am längsten.

„Ich bitte nochmals, auf alles zu achten. Ich wiederhole Dir", schreibt er entnervt, „zum tausendsten Mal: Es genügt nicht, ‚zu befehlen', wie Du es tust, sondern Du musst so ‚befehlen', dass man Dich versteht, und dann aufpassen und nachsehen, ob die gegebenen Befehle auch ausgeführt werden. […] Wache schließlich über alles. Lass keine anderen Herren zu, und traue niemand."

Das schreibt er aus Mailand am 10. April 1875 – da ist Corticelli bereits acht Jahre bei ihm angestellt. Natürlich kann es sein, dass Verdi erkennt, wo die zentralen Interessen des Verwalters liegen, und ihn das so vorsichtig macht; schließlich verliert Corticelli seinen Job nach zwölf Jahren, weil er mit der Köchin ein Verhältnis hat.

Wer zu Gast ist bei Verdi, sollte nicht damit rechnen, den Gastgeber tagsüber häufig zu Gesicht zu kriegen. Denn eigentlich würde Verdi sich am liebsten um alles kümmern. Und macht deswegen sehr viel mehr selbst, als es die Verehrer einem Star mit rustikalen Anwandlungen zugestünden. „Du darfst Dich glücklich schätzen, dass Du die gute, gesunde Luft atmen und die Meisterwerke der alten italienischen Kunst bewundern kannst", schreibt Verdi noch als 67-Jähriger an Arrivabene. „Ich sitze hier und atme so viel Luft, wie ich will, habe aber nichts anderes zu bewundern als meine Kühe, Ochsen, Pferde und bin Bauer, Maurer, Schreiner, Packesel, wenn's nötig ist. Du verstehst mich. Ich habe viele Bauernhäuser, die so baufällig sind wie alle in dieser Gegend. Nun habe ich mir in den Kopf gesetzt, sie, solange die Zeit dazu reicht, in Stand zu setzen und ihr Mauerwerk aufzurichten, damit nicht früher oder später mal einer oder mehr als einer davon erschlagen werden. So mache ich den Architekten, den Baumeister, den Eisenschmied, ein bisschen von allem. Darum addio den Büchern, addio der Musik; es kommt mir vor, als hätte ich die Noten vergessen und verlernt."

Er steht offenbar den ganzen Tag herum zwischen Mist und Mörtel, Sägespänen und Jauche. Und der potenzielle Gast sieht vor sich, was der Schwarm der verwöhnten Welt dabei trägt. Klingt doch ganz danach, als habe Verdi mit der Bürde des Ruhms und der gesellschaftlichen Verpflichtungen auch die formelle Kleidung abgelegt, als schlurfe er daher in groben Schuhen und derbem Drillich. Aber das hieße ihn falsch verstehen. Selbstverständlich gipst er nicht im Frack, aber wenn er nicht mauert, gräbt oder pflanzt, dann weiß er, was sich für ihn gehört.

Zwar ist er für die einfachen Leute in der Gegend hier kein Maestro, weil sie sich darunter einfach nichts vorstellen können. Befragt, was dieser Verdi denn so treibe, antworten sie nur befremdet: „Er macht kleine Haken aufs Papier und kriegt dafür viel Geld." Aber trotzdem ist er für sie der Padrone, der Herr, der in schwarzem Anzug, blütenweißem Hemd und feinen Schuhen daherkommt, mal zu Fuß, ein erlesenes Stöckchen in der Hand, mal in der Kutsche, die von zwei glänzend gestriegelten Prachtgäulen gezogen wird.

Was hier auf dem Land als vornehm gilt, ist das, was er selbst seit seiner Kindheit unter „gut angezogen" versteht. Alles andere erscheint ihm geckenhaft. Und bei irgendwelchen Moden mitgemacht zu haben ist ihm noch Jahre, Jahrzehnte später peinlich. In Neapel muss ihm das passiert sein, denn über seine Zeit dort schreibt er an Vincenzo Flauto: „Ich würde sicherlich lügen, wenn ich sagen würde, ich wäre früher einmal mit Neapel zufrieden gewesen; aber glauben Sie mir, nicht der Ausgang hat mich so sehr angeekelt wie vielmehr eine Unzahl Kleinigkeiten, die mit der Oper nichts zu tun hatten [...], was hatte ich in ein großes Café zu gehen, was auf dem Balkon der Tadolini zu suchen, warum trug ich lichte Schuhe statt dunkler – tausend Kleinigkeiten, die eines ernsten Publikums sicher ebenso unwürdig waren wie einer Großstadt?"

Weltmännische Erscheinung: Trotz seiner Sehnsucht nach dem Land pflegte Verdi, hier als 46-Jähriger, die städtischen Formen.

Ein wahres Genie ist eben nicht eitel: Dieser Schluss aus Verdis Vorliebe fürs Schlichte entspräche zwar den üblichen Vorstellungen, ein Genie gebe sich mit Äußerlichkeiten nicht ab, widerspräche aber der Wahrheit. Verdi ist ein Meister der Selbstinszenierung. Er weiß nicht nur, wie gut ihm der volle Bart steht, erst recht, als der weiß wird, wie gut seine große, immer schlanke Gestalt im schwarzen Umhang wirkt, wie gekonnt der Schatten seine Hutes jene Melancholie seines Gesichts betont, die ihn für die Welt zum Rätsel macht. Er weiß auch, wie gut ihm der Schmerz, das Leiden und die Armut stehen, aus denen er herausgewachsen ist, durch die er über sich hinausgewachsen ist.

So, wie Garibaldi „Löwe von Caprera" genannt wird, nennen die Leute aus Busseto ihren Verdi „Schwan von Busseto". Wohl nicht nur wegen des Schwanengesangs, sicher auch wegen der Schwanwerdung, die ja etwas Großes, Mythisches meint: Eine Existenz schafft aus sich selbst heraus die Wandlung vom grauen, unscheinbaren Wesen zur strahlenden Erscheinung. Verdi ist naiv. Und stilisiert seine Naivität. „Unter allen Komponisten der Gegenwart und der Vergangenheit", behauptet er von sich, „bin ich der am wenigsten ‚Gebildete' ."

Postume Ehren: Ausgerechnet Busseto, wo Verdi so schlecht behandelt worden war, schmückte sich später mit dem großen Sohn. 100 Jahre nach Verdis Geburt wurde das Bronzedenkmal von Luigi Secchi (rechte Seite) eingeweiht, 25 Jahre nach Verdis Tod entstand das Porträt im Palazzo Orlandi (unten).

Lesen ist seine Sache nicht. Und wenn er einmal liest, dann nichts Anspruchsvolles. Er verbringe, gesteht er einem Bekannten, die Zeit auch „mit der Lektüre ein paar schlechter Bücher von heutzutage". Schon während der großen Krise, die ihn nach dem großen Sterben seiner Familie befiel, hatte er seinen Kummer zugedröhnt mit billigen Schundromanen, wie sie damals in Mailand an jeder Ecke angeboten wurden. Doch wer Verdi besucht, darf sich in einem nicht täuschen: Zwar ist er nicht belesen, aber er hat durchaus Finesse. Er ist kein Geck, aber nicht ganz frei von Eitelkeit: In seinem Zimmer in Sant'Agata ist er gerne von Verdi-Büsten, Verdi-Porträts und Verdi-Karikaturen umgeben. Was die Gäste genießen: Ein lauter Selbstdarsteller ist Verdi niemals. Trotzdem hat er einen Instinkt dafür, sich richtig zu inszenieren. Er versteht instinktiv unendlich viel von jenen Effekten, die fast jeden Menschen zu Tränen rühren. Seine legendären Opernchöre sind ebenso Meisterwerke aus Pathos und Emotion

VERDI

wie sein Requiem, seine sterbenden Helden und Heldinnen reißen dem Publikum nicht zufällig das Herz auf, sondern weil Verdi genau weiß, was er tut. Und das gilt auch für sein eigenes Schicksal. Niemals, schwört er wieder und wieder, werde er seine eigene Lebensgeschichte schreiben. Den Schwur hält er – beinahe. Eine „autobiographische Lebensskizze" ringt ihm sein Verleger Giulio Ricordi dann doch ab; Verdi diktiert sie ihm 1879 auf Sant'Agata. Der Verdi-Biograph Arthur Pougin, der den Text erstmals veröffentlicht, rühmt die herzzerreißende Einfachheit des Stils. Doch die ist so gekonnt komponiert wie die Sterbeszene Desdemonas: Dieses Selbstbekenntnis des Giuseppe Verdi ist ein Meisterwerk der Selbststilisierung. Je dunkler der Hintergrund, desto leuchtender das, was davor erscheint – das ist dem Bühnenmagier geläufig. Also verdunkelt er die Anfänge seines Lebens, steigert er die Dramatik. Und in den wenigen Briefen, in denen er sich zu seiner Herkunft äußert, macht er es nicht anders. Begierig greifen die Biographen das auf und gießen so Verdis Selbstdarstellung in Bronze. Da steht Verdi nun in unserer Erinnerung da, genau, wie er es wollte: als Sohn eines Taglöhners, der weder lesen noch schreiben kann, als armes, stilles Einzelkind, das aufwächst im Mief düsterer, schimmeliger, ungelüfteter Räume und nur Erbärmlichstes zu essen bekommt.

Michael für Joseph: San Michele Arcangelo, die Kirche neben dem Elternhaus von Giuseppe, spielte für ihn eine große Rolle. Dort bekam er den ersten Orgelunterricht von Pietro Baistrocchi, dort wurde er mit elf selbst Organist.

Wer auf Spurensuche nach der Wahrheit geht, entdeckt anderes, auch wenn das Haus in Le Roncole, das heute als Verdis Geburtshaus gilt, nicht identisch ist mit dem, in dem er 1813 zur Welt kam – das fiel nachrückenden napoleonischen Truppen zum Opfer, als das Kind ein Jahr alt war und sich die ängstliche Mama, das Baby im Arm, im Glockenturm von San Michele versteckte, der Kirche nebenan. Aber das bis heute erhaltene Gebäude ist alten Darstellungen zufolge dem ursprünglichen bis ins Detail gleich. Und dort hat Verdi nun wirklich die Kindheit verbracht. Ob über der Tür der Osteria von Carlo Verdi „Sale & Tabacchi" stand, wie heute noch auf vielen alten Dorfwirtshäusern zu sehen ist, das wissen wir nicht. Jedenfalls hatte Carlo das Recht, in seinem zugehörigen Lebensmittelladen diese begehrten besteuerten Güter zu verkaufen, aber auch Schinken und Käse, Kaffee, Zucker und Gewürze, Wein, Spirituosen und alles andere, was die Bauern vom platten Land nach dem Kirchgang am Sonntag einkaufen wollten. Carlo hatte zwar gar keine Hand fürs Geld, aber er war weder Analphabet noch geknechteter Arbeiter – er gehörte nicht zu den ausgebeuteten *mezzadri*, jenen Halbpächtern, die sich wie Leibeigene auf den Feldern von Morgengrauen bis zur Dämmerung abrackerten und dem Hauptpächter fast alles abliefern mussten. Fünfzehn Jahre lang war Verdis Vater Schatzmeister der Kirchengemeinde von San Michele – und der musste nicht nur Zahlen lesen können –, ein Leben lang war er daran gewöhnt, wie seine Vorfahren und die seiner Frau, Luigia Uttini, als selbstständiger Gastwirt und Händler zu arbeiten. Aber das liest sich eben viel weniger dramatisch. Und ein Aufstieg gewinnt an Steilheit, je weiter unten er begann. Deswegen jammert Verdi auch über das angeblich elende Spinett, das der Vater für den kleinen Sohn gekauft hatte, und berichtet immer, er sei jeden Sonntag mit nackten Füßen von Busseto, wo er Musikunterricht erhält und bei einem Flickschuster wohnt, die fünf Kilometer nach Hause gewandert, wo er mit elf Jahren die Organistenstelle in San Michele bekommen hat: Er habe die Schuhsohlen schonen müssen. Dieser Schleier aus Not und Traurigkeit, den Verdi über seine Kindheit und Jugend breitet, macht sich gut. Eines jedoch lässt er unbehelligt strahlen: das Glück, einen Gönner gefunden zu haben.

Diesen Antonio Barezzi verklärt er sein Leben lang, und selbst ein schlimmer Streit kann seine Dankbarkeit dem Mann gegenüber nicht zerstören, der den 12-jährigen Beppe zum Mozart Italiens erklärt und mit allen Mitteln fördert.

Gönner und Schwiegervater: Antonio Barezzi, hier auf einem Porträt aus dem Jahr 1877, finanzierte Giuseppes Ausbildung, kaufte ihm ein Spinett (oben) – und ließ ihn seine Tochter unterrichten, die Verdis erste Ehefrau wurde.

Barezzi gehört in Busseto zu den Honoratioren, denn er hat Geld und Stil. Das Geld macht er als Lebensmittelgroßhändler, der die Läden in der Region beliefert – auch den von Verdis Eltern. Der Stil zeigt sich nicht nur in dem eindrucksvollen Palast, den er direkt am Hauptplatz der Stadt bewohnt, sondern vor allem in seiner Musikbegeis-

Oben und rechte Seite: Geld für das verkannte Genie. Verdis Ausbildung finanzierte Antonio Barezzi, in dessen eindrucksvollem Palast (hier die Arkaden vor dem Haus) der junge Giuseppe lebte und ein bisschen verdiente – aber auch eine Organisation, die sich Monte di Pietà – Leihhaus der Barmherzigkeit – nannte. Zu Recht, denn die Stiftung vergab barmherzig Stipendien, auch an Verdi. Heute befindet sich die Sparkasse von Parma und Piacenza in dem Barockgebäude. An die alte Funktion erinnert die Schrift über dem Eingang: Monte di credito su pegno – Leihhaus des Kredits auf Pfand.

terung. Barezzi selbst spielt Klavier, Horn, Flöte und Klarinette und ist Präsident einer Musikgesellschaft, die seit dem 16. Jahrhundert die italienischen Enthusiasten vereint. Als Verdi 16 ist, holt Barezzi ihn sich sogar ins Haus. Offiziell als Jungen für alles und als Klavierlehrer für seine Tochter Margherita, inoffiziell als Wunschsohn, denn seine eigenen Kinder versprechen nicht eben geniale Musikalität. Gerührt erzählt Verdi als 54-jähriger Starkomponist, wie er sich am Ende der Gymnasialzeit schon entschlossen hatte, zu Hause zu bleiben, weil der Vater ein Studium an der Universität in Parma nicht finanzieren konnte. Und wie Barezzi ihn dann angeherrscht habe: „Du bist zu etwas Besserem auf die Welt gekommen und sollst nicht Salz verkaufen und das Feld umgraben müssen. Verlange von der Armenstiftung das bisschen Unterhalt […], den Rest übernehme ich. Du kannst nach Mailand ans Konservatorium gehen und wirst mir das Geld, das ich für Dich ausgelegt habe, ersetzen, sobald Du dazu imstande bist.“

Das Beste an Barezzi: Nichts, absolut gar nichts kann seinen Glauben an Verdis Genie erschüttern. Und der wird auf die Probe gestellt. In der Provinz kommt Verdi zwar gut an, speziell bei Barezzis Tochter Margherita, aber in Mailand nicht: Der 19-Jährige fällt durch die Aufnahmeprüfung, auch wenn er das später beschönigt. An den Kritiker Caponi-Folchetto schreibt Verdi als 67-Jähriger: „Ich habe nicht im Jahr 1833, sondern im Jahr 1832 (ich war damals neunzehn Jahre alt) ein schriftliches Gesuch eingereicht, um gegen Entgelt als Schüler des Mailänder Konservatoriums aufgenommen zu werden. Ich habe ferner auf dem Konservatorium eine Art Examen bestanden, wobei ich einige meiner Kompositionen vorlegte und ein Stück auf dem Piano spielte.“ Er führt als Juroren auf: Basily, Piantanida, Angeleri und Rolla, einen Freund seines Lehrers Provesi aus Busseto. Eine Woche später sei er zu Rolla gegangen, der ihm geraten habe: „Denken Sie nicht mehr ans Konservatorium.

MONTE DI CREDITO SU PEGNO

SHORTER OXFORD
SHORTER OXFORD
BUENA VISTA SOCIAL CLUB

Suchen Sie sich einen Lehrer in der Stadt. Ich rate Ihnen zu Lavigna oder Negri. „Vom Konservatorium", behauptet Verdi, „habe ich nichts weiter gehört. Niemand hat mein Gesuch beantwortet." Auf das Gesuch hatte man durchaus reagiert. Wer auf Sant'Agata zu Besuch ist, könnte bei indiskretem Stöbern auf den Beweis dafür stoßen. Wie eine Trophäe des Misserfolgs, der all jene der Taubheit strafte, die das Genie verkannt hatten, bewahrte Verdi nämlich sein Leben lang einen Briefumschlag auf. Der Inhalt: Verdis Gesuch. Der Absender: das Konservatorium in Mailand. Der Vermerk auf der Vorderseite: *Fu respinto* („Wurde abgelehnt").

Fu respinto

Die Wahrheit ist, dass Verdi offenbar miserabel Klavier gespielt hat, weder mit seinen Kompositionen noch mit seinem Auftritt überzeugte und außerdem zwei Jahre älter war, als es die Statuten für Erstsemester erlaubten. Schlecht hat Verdi für unsere Begriffe aber nicht ausgesehen. Statur: groß. Haar: kastanienbraun. Stirn: hoch. Brauen: schwarz. Augen: grau. Nase: Adlernase. Mund: klein. Bart: schwarz. Schädel: oval. Gesicht: schmal. Hautfarbe: blass.

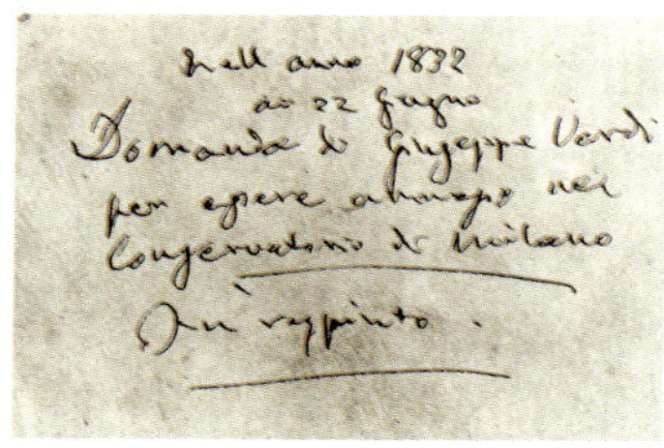

So steht es in dem Pass, den Verdi braucht, um zur Prüfung vom französischen Herzogtum Parma ins österreichische Mailand zu fahren. Elegisch, verhalten und vornehm – so würden wir heute seine Erscheinung nennen. Aber verhärmte, magere Männer galten damals eher als Versager. Selbst diesen unscheinbaren Auftritt, der viele dazu verführte, ihn zu unterschätzen, hat Verdi später gekonnt stilisiert. Durch Vermittlung seines Lehrers Lavigna darf er bei den Proben der Philharmonischen Gesellschaft in Mailand den stillen Zuhörer spielen.

„Der junge Mensch, der bescheiden in einem finsteren Winkel des Saales saß, fiel niemandem auf", beschreibt er sich selbst. Als einmal alle drei Kapellmeister nicht erscheinen, wird Verdi aufgefordert, die Proben zu leiten. „So begab ich mich denn frisch ans Klavier und begann die Proben. Noch sehr gut erinnere ich mich des ironischen Lächelns, mit dem mich die Dilettanten empfingen. Mein jugendliches Gesicht, meine magere Gestalt, meine ärmliche Kleidung, all das nötigte ihnen wenig Respekt ab. Und doch: Als die Probe beendet war, machte man mir allseits die schönsten Komplimente."

Verschmähter Bewerber, verehrter Meister: Das abgelehnte Gesuch Verdis um einen Studienplatz am Mailänder Konservatorium (oben) ist ebenso Dokument seiner Laufbahn wie der prächtige Palazzo Orlandi – auf der linken Seite der Innenhof –, ein Palast in bester Lage von Busseto, den Verdi vom Geld der ersten Erfolge kaufte.

Vorhergehende Doppelseite: Später Triumph: Die frühen Werke über Verdi gehören heute zu den Schätzen der wertvollen Bibliothek im Palazzo Monte di Pietà.

Schmerzliche Schönheit: Die zarte Margherita Barezzi – hier in einem Porträt von Augusto Mussini – heiratete ihren angebeteten Verdi 1836, gebar ihm zwei Kinder und starb vier Jahre nach der Hochzeit.

Die allerschönsten hat er wahrscheinlich von Barezzis Tochter Margherita bekommen, die ihn anbetet wie einen Gott. Üblicherweise sind reiche Väter wenig erfreut, wenn ihre Töchter künstlerische Hungerleider ehelichen, Barezzi hingegen sah in Verdi damals bereits ein Genie – und eine Kapitalanlage, war also über die Hochzeit hoch erfreut. Was danach passiert, ist zu gewöhnlich, als dass es sich zur Stilisierung eignete: Erst wird die Tochter Virginia geboren, dann der Sohn Icilio, und Papa hat keine Zeit für die Kinderchen, weil er dauernd nach Mailand muss. Die Gattin ist traurig und eifersüchtig, und das mit der überschüssigen Liebe allzu sehr gefütterte Töchterchen wird fett. Aber dann, als die Ehefrau, beseligt mit ihrem genialen, allerdings noch verkannten Gatten, in eine klamme kleine Wohnung in Mailand, bei der Porta Ticinese gelegen, einzieht, wird es dramatisch. Zuerst wird der Familienvater krank, kann die Miete nicht zahlen und nicht mal rechtzeitig den Schwiegervater anpumpen, weil so selten Post nach Busseto abgeht. Was dann geschieht, ist eine Tragödie: „Jetzt", schreibt Verdi in seinem Lebenslauf, „brachen über mich die furchtbarsten Schicksalsschläge herein. Im April wurde mein kleiner Junge krank. Kein Arzt konnte die Ursache seines Leidens finden, und langsam dahinsiechend starb er in den Armen seiner vor Schmerz fast wahnsinnigen Mutter. Einige Tage später erkrankte mein Töchterchen und auch dieses Kind starb uns. [...] Allein, es war noch nicht genug. In den ersten Junitagen wurde meine Frau von einer schweren Gehirnhautentzündung befallen, und am neunzehnten Juni 1840 trug man den dritten Sarg aus meiner Wohnung. Ich war allein, ganz allein!! In der Frist von zwei Monaten hatte ich drei geliebte Wesen verloren. Meine ganze Familie war dahin!"

In Wirklichkeit waren es nicht zwei Monate, es waren fast zwei Jahre gewesen. So entsetzlich Verdis Schicksal ohnehin ist: Er setzt intuitiv die Gesetze der dramatischen Verdichtung ein. Und hält sich eben immer an seine eigenen Prinzipien: „Wenn man die Wirklichkeit nachbildet", schreibt er am 20. Oktober 1876 an Clarina Maffei, „kann etwas recht

Gutes herauskommen; aber Wirklichkeit erfinden ist besser, weit besser.“ Vielleicht bearbeitet Verdi seinen Aufstieg nur deswegen dramaturgisch, weil sein Privatleben insgesamt so unauffällig, still und skandalfrei dahinplätschert, dass es die sensationshungrigen Biographen und Journalisten schier verzweifeln lässt. „Das höchst Pikante dabei ist“, erklärt Arrigo Boito einem Freund das Problem von Verdis Vita, „dass es da keinerlei Pikantes zu berichten gibt.“ Zugegeben: Arrigo lügt da ein bisschen. Denn als er das schreibt, hat das brave Haus in Sant'Agata gerade seinen ersten Skandal erlebt – und der ist beileibe noch nicht überstanden. Aber die Beteiligten versuchen, ihn für sich zu behalten. Denn Verdi kann Gerüchte, Klatsch und Tratsch nicht ausstehen. Da beißt er sich lieber auf die Zunge. Als sein Verleger Giulio Ricordi ihm 1879 ein Libretto des später so geschätzten Arrigo Boito zuschickt, gesteht Verdi, dass es ihm nicht gefällt, aber er meint besorgt, es wäre „zu hart, ihm diese Meinung ins Gesicht zu sagen. Nein, nein [...]. Ihr seid schon zu weit gegangen, und man muss es halt machen, ehe es zu Klatsch und Ärger kommt.“ *(Fortsetzung auf Seite 70)*

Romantischer Ruheplatz: Verdi liebte seinen Garten in Sant'Agata als einen Ort der Stille und der Konzentration. Atmete den Duft von Laub und Mist, von Blüten und Hühnern, von Himmel und Erde.

Zuppe e Verdure

Suppen und Gemüsegerichte

Pisarei e fasò

Mehlklößchen mit dicken Bohnen

Für das Bohnengemüse:
2 EL Butter, 60 g Speck, fein gehackt, 1 Zwiebel, fein gehackt,
1–2 Knoblauchzehen, fein gehackt oder gepresst, 1 kleine Stange
Bleichsellerie, fein gewürfelt, 1 große Karotte, geschabt und gewürfelt,
1 Glas Weißwein, 400 g eingeweichte Borlotti-Bohnen,
2 EL Tomatenmark, Salz, Pfeffer aus der Mühle
Für die Klößchen:
500 g Mehl, 400 g feine Semmelbrösel, ½ l Milch
ca. 100 g frisch geriebener Parmesan

Pisarei e fasò sind in Piacenza daheim und in der ganzen Emilia ein beliebter und billiger Klassiker.

Die Butter auf kleiner Flamme im Topf erhitzen, Speck, Zwiebel, Knoblauch, Sellerie und Karotte hineingeben und zehn Minuten lang dünsten. Etwas Weißwein angießen, auf kleiner Flamme 1 ½ Stunden köcheln lassen und dabei immer wieder Weißwein nachgießen. Währenddessen die eingeweichten Bohnen im Einweichwasser gar kochen und die Pisarei zubereiten.

Zuvor reichlich Salzwasser aufsetzen. Dann alle Zutaten für die Klößchen vermengen und rasch durchkneten, kleine Portionen vom Teig abtrennen und auf einer bemehlten Arbeitsfläche zu fingerdicken Nudeln rollen. Davon kleine Klößchen abzupfen und mit dem Daumen über die Innenfläche der anderen Hand abstreichen, so dass ein flaches Schüsselchen entsteht. Ca. 10 Minuten im Salzwasser garen. In dieser Zeit das Tomatenmark mit ein wenig lauwarmem Wasser geschmeidig rühren und zu den Bohnen geben, bevor diese ganz weich sind. Salzen und pfeffern. Ist die Sauce aus Gemüse und Weißwein schön sämig, wird sie zu den Bohnen gegossen, und das Ganze wird warm gehalten.

Nun die Pisarei mit dem Schaumlöffel entnehmen und auf vorgewärmte Teller verteilen. Zuerst mit dem geriebenen Parmesan bestreuen, danach das Bohnengemüse darauf verteilen. Sofort servieren.

Zuppa di spinaci alla modenese

Spinatsuppe nach Art von Modena

1 kg Blattspinat, 40 g Butter,
1 ½ l Fleischbrühe, 4 Eier,
5 EL frisch geriebener Parmesan,
Salz, Pfeffer aus der Mühle,
Muskatnuss, 4 Weißbrotscheiben

Den Spinat putzen und gründlichst unter fließendem Wasser waschen. Feucht in einen großen Topf geben und bei geringer Hitze zusammenfallen lassen. Herausnehmen, abtropfen lassen und sehr fein hacken. Die Butter in einer Pfanne erhitzen und den Spinat darin schwenken. Die Fleischbrühe in einem großen Topf zum Kochen bringen. Währenddessen den Parmesan mit dem Ei verquirlen, salzen, pfeffern und etwas Muskatnuss hineinreiben. Nun diese Ei-Käse-Masse unter den Spinat in der Pfanne rühren.

Weißbrotscheiben im Toaster oder Ofen rösten und in Suppenteller legen. Sobald die Fleischbrühe sprudelnd kocht, die Spinat-Ei-Käse-Masse unter intensivem Rühren zufügen und mitkochen. Auf die gerösteten Weißbrotscheiben gießen und sehr heiß servieren.

Asparagi alla parmigiana

Spargel, mit Parmesan überbacken

1 kg grüner Spargel,
80 g frisch geriebener Parmesan,
100 g Butter,
Salz, Pfeffer aus der Mühle

Die Spargelstangen dünn abschälen und die unteren holzigen Enden großzügig abschneiden. Spargel waschen, zu vier Bündeln zusammenbinden und diese aufrecht in einen Topf mit kochendem Wasser geben, das leicht gesalzen ist. Das Wasser darf die Spargelspitzen nicht bedecken, weil diese sonst matschig werden (also am besten vorher die Wassermenge abmessen). Je nach Spargeldicke 10–15 Minuten garen. Der Spargel sollte noch Biss haben, wenn er herausgenommen wird. Die Butter zerlassen und warm halten. Den Spargel aus dem Wasser heben und auf einer vorgewärmten Platte anrichten. Mit Butter übergießen und Parmesan bestreuen.

Nach demselben Rezept werden in der Emilia-Romagna auch die in fingerlange Stücke geschnittenen Stiele von Karden überbacken; diese artischockenähnlichen Distelpflanzen sind hierzulande leider nicht so leicht zu bekommen. Aber in Verdis Heimat gehören *Cardi burro e parmigiano* zu den einfachen und beliebten Gerichten der ländlichen Gegenden.

Passatelli in brodo

Käsenudeln in der Brühe

130 g frisch geriebener Parmesan,
160–170 g feine Semmelbrösel,
3 Eier, 25 g Rindermark oder Butter,
Schale von 1 Zitrone, Muskatnuss,
Salz, Pfeffer aus der Mühle, 1 ½ l Brühe

Parmesan, Semmelbrösel und Eier in eine Rührschüssel geben und gut vermengen. Dann die Zitronenschale zugeben, salzen, pfeffern und etwas Muskatnuss darüber reiben. Das Rindermark oder die Butter in einer kleinen Kasserolle sanft erhitzen und mit der Semmelbröselmasse vermischen. 30 Minuten ruhen lassen. Die Rindfleischbrühe aufkochen. Nun die Teigmasse direkt über dem Topf durch eine Spätzlepresse in die Brühe drücken oder wie Spätzle vom Brett hineinschaben. Danach so lange in der köchelnden Brühe ziehen lassen, bis die kurzen, dicken Nudeln nach oben steigen. Die Suppe sollte vor dem Servieren noch einige Minuten auf der abgestellten Herdplatte stehen bleiben.

Die Brühe spielt in der emilianischen Küche eine große Rolle; sie heißt hier *al brod*. Für 3 Liter werden ein ca. 500 – 600 g schweres knochenloses Stück Rindfleisch (z.B. Brustspitz oder oberes Keulenstück), ein halbes großes oder ein kleines ganzes Huhn, Karotten, eine Zwiebel und ein, zwei Stängel Sellerie gekocht. Wer Instant-Brühe liebt, sollte auf dieses Gericht verzichten.

Melanzane alla parmigiana

Auberginen nach Art von Parma

4 große Auberginen, Salz, 2 EL Butter, 6 EL Olivenöl,
2 Zwiebeln, 2 fein gehackte Knoblauchzehen,
2 dicke Scheiben Parmaschinken, fein gewürfelt,
400 g sehr reife Tomaten, enthäutet und gewürfelt,
Pfeffer aus der Mühle
Zum Servieren: frisch geriebener Parmesan

Die Auberginen dünn schälen und der Länge nach in Scheiben schneiden. Die Scheiben in Salzwasser nicht zu weich kochen, anschließend gut abtropfen lassen. Butter und Öl in einer großen Pfanne erhitzen, die fein gehackten Zwiebeln darin glasig dünsten, dann den Knoblauch und schließlich die Parmaschinkenwürfel zugeben. Einige Minuten einkochen lassen, die Auberginenscheiben zugeben und alles zusammen 15 Minuten köcheln lassen. Den Parmesan getrennt dazu reichen.

Verdi produzierte Klassiker, ohne das zu wissen, und liebte die Klassiker der Küche. Viele seiner genial einfachen melodischen Einfälle wurden über Nacht zu Gassenhauern, weil sie so leicht ins Ohr gingen. Und so gibt es auch in der emilianischen Küche genial einfache Gerichte, die eigentlich jedem schmecken, unersetzlich sind und unvergesslich bleiben, zum Beispiel das vorangegangene. Aber Vorsicht: Sosehr sich Verdi für Italiens Einheit einsetzte, so stolz sind bis heute die Regionen auf den unverwechselbaren Geschmack ihrer Gerichte. *Melanzane alla parmigiana*, der populäre Auberginenauflauf, ist eine Spezialität aus Neapel.

Patate fritte con aglio e rosmarino

Bratkartoffeln mit Knoblauch und Rosmarin

(für ein Hauptgericht die doppelte Menge nehmen)
8 EL Olivenöl, 500 g fest kochende Kartoffeln
geschält und in Würfel von 1,5 x 1,5 cm geschnitten,
8 ungeschälte (!) Knoblauchzehen,
die Blätter von 2 Rosmarinzweigen, zerhackt,
Salz, Pfeffer aus der Mühle

Das Olivenöl in einer großen Pfanne erhitzen, die Kartoffelwürfel darin gleichmäßig verteilen und unter gelegentlichem Wenden so lange braten, bis sie rundum golden und knusprig sind. Den Knoblauch zugeben und das Ganze so lange braten, bis die Würfel eine goldbraune Färbung angenommen haben. Dann die Knoblauchzehen entnehmen, den Rosmarin zugeben, salzen und pfeffern und vor dem Servieren noch kurz auf dem Herd durchziehen lassen.

Verdure alla primavera

Frühlingsgemüse

500 g Brokkoli, 3 Stangen Bleichsellerie, 300 g grüner Spargel,
300 g Zuckerschoten, 1 Bund Frühlingszwiebeln, 500 g kleine Tomaten,
Saft von 1 Zitrone, Blätter von 1 Bund Basilikum, fein gehackt,
4 EL frisch geriebener Parmesan, 2 EL Balsamessig, 4 EL Butter,
Salz, Pfeffer aus der Mühle, Muskatnuss

Die Brokkoli in Röschen zerlegen, die Stiele schälen und in Scheiben schneiden. Die Bleichselleriestangen ebenfalls dünn schälen und in Stücke von 3 cm schneiden. Vom Spargel die holzigen Enden großzügig entfernen und ebenfalls in Stücke von 3 cm schneiden. Zuckerschoten und Frühlingszwiebeln putzen und waschen. Die weißen Zwiebelchen vom Grünen bis auf einen kleinen Stiel von 2 cm abtrennen. Das übrige Zwiebelgrün in feine Ringe schneiden. Die Tomaten überbrühen, enthäuten und in schmale Spalten schneiden.

In einem großen Topf reichlich Salzwasser erhitzen, den Zitronensaft hineingeben. Nacheinander die Spargelstücke (5 Minuten), die Stücke vom Bleichsellerie (4 Minuten), die Zuckerschoten und die Brokkoliröschen (2 Minuten) darin blanchieren. Ein Sieb über eine Schüssel stellen, das Gemüse abgießen, unter fließendem Wasser kalt abschrecken und gut abtropfen lassen. Die Brühe aufbewahren.

In einer Pfanne 3 EL von der Butter aufschäumen lassen, die Zwiebelchen und die Scheiben von den Brokkolistielen hineingeben und unter Rühren 3 Minuten dünsten. Nun das blanchierte Gemüse in kleinen Portionen dazugeben, zu guter Letzt die Tomatenschnitze und ein paar EL von der aufbewahrten Brühe angießen. Alles zusammen so lange dünsten, bis das Gemüse gar, aber noch al dente ist. Mit 2 EL Balsamessig, etwas Salz, Pfeffer und frisch geriebener Muskatnuss würzen. Die Basilikumblättchen, die restliche Butter in kleinen Flöckchen und den Parmesan darüber streuen und sofort servieren.

Melanzane marinate

Marinierte Auberginen

4 Auberginen, Blätter von 1 Bund glatter Petersilie,
1 Bund Basilikum, 6–8 Salbeiblätter,
4 Knoblauchzehen, 4 EL Schweineschmalz,
4 EL Balsamessig oder guter Rotweinessig,
Salz, Pfeffer aus der Mühle

Die Auberginen waschen, den Stielansatz entfernen und in Scheiben von 5 mm Dicke schneiden. Die Scheiben salzen, übereinander auf einer Platte in vier Stapel schichten, mit einer zweiten Platte abdecken, mit einem Gewicht beschweren und kalt stellen. 1 Stunde ziehen lassen. Dann die Auberginen abspülen und gründlich mit Küchenkrepp trocknen. Etwas von dem Schweineschmalz in einer großen Pfanne erhitzen. Die Auberginen portionsweise hineingeben (nie zu viele auf einmal, sonst ziehen sie Wasser) und von beiden Seiten je 2–3 Minuten anbraten. Die Auberginenscheiben aus der Pfanne nehmen und auf Küchenkrepp gut abtropfen lassen.

Die abgezupften Blätter von Petersilie, Basilikum und Salbei und die geschälten Knoblauchzehen sehr fein hacken und vermischen. Die Auberginenscheiben lagenweise in eine Schüssel schichten, jeweils salzen, pfeffern, mit etwas Essig beträufeln und mit der Kräuter-Knoblauch-Mischung bestreuen. Zugedeckt im Kühlschrank über Nacht durchziehen lassen und als Fächer auf Teller gelegt servieren.

Wer damit rechnet, auf Sant'Agata mit den neuesten Skandalgeschichten aus Mailand zu landen, hat sich verrechnet. Die sind Verdi ebenso zuwider wie alles Laute und Vulgäre. So schwer er sich mit schönen Worten und Nettigkeiten tut, so herzlich und aufrichtig ist er zu seinen Freunden. Die müssen sich dafür mit seinen Eigenheiten abfinden. Auch mit seiner Sturheit. Die gibt Verdi zwar zu, aber er sieht wenig Chancen, etwas dran zu ändern.

„Mein Kopf ist von einer Art, die mit anderen oft nicht übereinstimmt", gesteht er Clarina Maffei. „Wenn er mir einen Streich spielen will, nehme ich ihn zwischen beide Hände, halte ihn ganz fest und sage zu ihm: ‚Sei still, und komm mir nicht mit sonderbaren Ideen, die selbst die Mäuse zum Lachen bringen.'" Stur ist er vor allem in einem: Er duldet keinerlei Kommentare zu seinen Entscheidungen und schon gar nicht aufdringliche Versuche, ihn umzustimmen.

Theatralischer Empfang: Die Treppe im Teatro Verdi (oben), das die Busettaner in die Rocca einbauten, fand Verdi „zu teuer und unnütz für die Zukunft".

„Ich habe mir's zur Gewohnheit gemacht, mich nicht in die Angelegenheiten von anderen einzumischen, außer wenn man mich darum bittet, und genauso verlange ich, dass sich niemand in meine einmischt", erklärt er seinem Schwiegervater Barezzi unumwunden. Und er zahlt bereitwillig den Preis dafür, dass er mit seiner Sturheit und seinem Stolz viele verprellt. Gerade in Busseto, wo man ihn gerne als Attraktion vermarkten und adoptieren würde als „berühmtesten Sohn der Stadt".

„Du weißt doch, dass ich für diesen Ort ein Paria bin", schreibt er an Arrivabene. „Ich habe so viele Sünden gegen ihn begangen!!! Sie haben mir keine Absolution erteilt, weil ich zum Anlass der Eröffnung des Theaters keine Oper geschrieben habe; weil ich damals 10 000 Lire gestiftet habe (die sie allerdings annahmen) und weil ich die Patti, Fraschini, Graziani usw. nicht kommen ließ, um zu singen (Das war ein Theater!). [...] Wie zum Teufel sollte ich diese Künstler am Kragen packen und dazu zwingen, in Busseto zu singen!!!"

Vorhergehende Doppelseite: Bescheidener Ausgang. Eine Platanenallee säumt den Weg, der hinter Sant'Agata hinaus ins freie Feld führt.

Er zwingt keinen und will zu nichts gezwungen werden. „Spiel uns doch mal vor, was du gerade komponiert hast.“ Mit einem solchen Wunsch kann sich jeder Gast auf Sant'Agata blitzschnell und nachhaltig Verdis Sympathien verscherzen. Er findet das Komponistendasein nun mal alles andere als rosig und nimmt oft monatelang keinen Griffel in die Hand. Schließlich hat er oft genug erlebt, wie viele Enttäuschungen, sogar Beschimpfungen und Schmähungen sich ein Komponist einhandeln kann mit dem mühsam abgerungenen Werk. „Du wunderst Dich über das schlechte Benehmen des Publikums? Mich überrascht es wahrhaftig nicht“, schreibt er nach dem verheerenden Misserfolg des *Simon Boccanegra* an seinen Verleger. „Die Leute sind immer glücklich, wenn sie zu einem Skandal kommen können. […] Wir armen Zigeuner, Scharlatane und dergleichen sind nun einmal gezwungen, unsere Arbeit, unsere Einfälle, unseren Wahn und Rausch um Gold zu verkaufen – das Publikum erwirbt sich für drei Lire das Recht, uns auszupfeifen oder mit Beifall zu überschütten! Resignation ist unser Schicksal: Damit ist alles gesagt.“ Der Einzige, der Verdi zu etwas zwingen kann, ist er selbst. Glücklich ist er dabei jedoch auch nicht.

„Zudem bin ich ein Tyrann, der immer damit endet, das zu tun, was er nicht will. […] Wollt Ihr ein Beispiel davon? Ich schreibe Opern […], das ist etwas, das ich weniger als alles andere machen will!!!“ Stur, wie er ist, lässt er es also eines Tages bleiben und sich weder von Verlegern noch Verehrern zu neuen Kompositionen überreden. Nach der *Aida* lehnt er jeden Auftrag zu einer weiteren Oper ab. „Je älter ich werde, desto mehr habe ich Lust, nichts zu tun. Genau das Dolcefarniente der Italiener!“

Dolcefarniente

Sechzehn Jahre hält er seine Opernenthaltsamkeit durch. Dann wird er weich: Boito schafft es, ihn für den *Otello* zu begeistern. Aber noch als alter Mann beschwert sich Verdi über das, was andere Bestimmung nennen: „Einige müssen ihr Leben lang dumm bleiben, andere gebildet, einige reich werden, einige der Verzweiflung anheim fallen. Und ich muss mit der Zunge im Maul, wie ein wütender Hund, arbeiten, solange mich nicht der letzte Schlag niedergestreckt hat.“ Aber zu dieser Arbeit kann ihn kein Außenstehender zwingen. Schon gar nicht lässt Verdi sich nötigen, sich als braver Katholik durch gottgefällige Werke einen Logenplatz im Jenseits zu

Dekorieren und dekoriert werden: Verdi schmückte seine Villa gerne mit Kitsch und Kunst wie dieser Porzellankonsole (unten). Aber Orden und Ehren lehnte er ab. Bei der Einweihung des Teatro Verdi (vorhergehende Doppelseite) 1868 blieb seine Privatloge leer; die Gäste hatten sich ihm zuliebe vergebens grüne Roben und Krawatten (verdi ist der Plural von verde = grün) angezogen.

erwerben. Entrüstet berichtet er Clarina Maffei, dass man ihn dauernd überreden will, Hymnen zu schreiben. „Hymnen für die Priester, die Mönche, die Heiligen, Erzengel, Throne, hohe Herrschaften. Hätte ich akzeptiert, hätte ich in diesem Jahr sechs Hymnen geschrieben. Sechs Hymnen! Lieber zwölf Opern als diese Sorte Musik, die keine Musik ist, sondern wahre Verneigung vor der Kunst, und mit Kunst so viel zu tun hat wie ich mit Theologie." Und er kokettiert sogar damit, dass er bis in die Chefetage des Vatikans einen schlechten Ruf genießt. Als dieser die Idee umsetzt, Italiens berühmteste Komponisten gemeinsam eine Totenmesse für Rossini komponieren zu lassen, lästert er vergnügt:
„Wäre ich beim Heiligen Vater in Gnaden, so würde ich ihn bitten, dieses eine Mal zu gestatten, dass diese Musik auch von Frauen gesungen werde; da ich es nicht bin, wird es sich empfehlen, eine geeignete Persönlichkeit zu finden, die das durchsetzt."

Wer Verdis antikirchliche Haltung kennt, wird sich bei einem Besuch auf Sant'Agata wundern, eine Hauskapelle vorzufinden. Und wer an hohen Feiertagen kommt, findet den Hausherrn sogar ganz andächtig darin vor. Es sieht dann ganz so aus, als sei er in Andacht versunken. „Er bewahrte in seinem Herzen den Kultus der großen christlichen Feiertage", behauptet Boito. Vor allem Weihnachten liebte Verdi. Aber aus eher nostalgischen Gründen. „Der Weihnachtsabend", so Boito, „erinnerte ihn an die frommen Wunder der Kindheit, den Zauber des Glaubens, der wirklich nur himmlisch ist, wenn er an den blinden Glauben, an das Wunder reicht. Diesen blinden Glauben hatte er leider früh verloren, wie wir alle, aber er vermisste ihn während seines ganzen Lebens vielleicht schmerzlicher als wir. Er hat ein Beispiel christlichen Glaubens durch die ergreifende Schönheit seiner religiösen Werke gegeben, durch die Befolgung der Riten (Du musst Dich an seinen schönen, gesenkten Kopf in der Kapelle von Sant'Agata erinnern), durch seine glanzvolle Huldigung an Manzoni." Damit ist das aufwühlende

Requiem gemeint, das Verdi für den Nationaldichter komponiert hat, den er verehrte wie niemand anderen. Kann jemand solch eine Totenmesse schreiben, der nicht an Gott glaubt? Kann ein und derselbe Mann ein so anrührendes *Stabat mater* schreiben, der jenen Wechselgesang im *Falstaff* vertont hat, den fromme Gemüter gotteslästerlich finden? Denn was dort im Park von Windsor stattfindet zwischen dem verfressenen, versoffenen und verhurten Falstaff und den rachedürstenden Frauen, ist eine schiere Persiflage des kirchlichen Wechselgesangs.

„O Herr, mach ihn fertig!" singen die drei Damen.
Und Falstaff fleht für seinen kostbarsten Körperteil:
„Aber rette den Unterleib!"
„Lass ihn bestraft werden, oh Herr!" bitten die Damen.
„Aber rette den Unterleib", wimmert der Wüstling zu Gott.
„Lass ihn bereuen, o Herr!" beten die Frauen.
„Aber rette den Unterleib", betet Falstaff.

Haltlos und hemmungslos: Verdis versoffener Komödienheld Falstaff – hier der erste Darsteller der Rolle, Victor Maurel – hat mit dem Meister nichts gemeinsam. Außer der Beliebtheit und dem Desinteresse an allem Kirchlichen.

Dass sich im italienischen Original der Name des angerufenen Herrn – *Domine* – auch noch auf den Unterleib – *addomine* – reimt, macht das Ganze für Verdi-Liebhaber noch komischer, für strenge Christen nicht unbedingt. Wer Verdi einer versteckten Frömmigkeit überführen will, landet auf dem Bauch. Sein *Te Deum,* erklärt Verdi verschmitzt, sei „eine Danksagung – aber nicht für mich, sondern für das Publikum, das nach so vielen Jahren davon befreit ist, noch weitere Opern von mir anzuhören!!!" Widersprüche gehören zu Verdi, damit müssen seine Freunde und Gäste leben.

Sein roter Salon in Sant'Agata mit schwülstig drapierten Vorhängen, vergoldeten Möbeln in falschem Rokoko, goldgerahmten Gemälden, blattvergoldeten Konsolen und intarsierten Tischen zeugt zwar nicht von delikatem Geschmack, doch von einer Vorliebe für bürgerlichen repräsentativen Pomp. Aber genau den kann Verdi außerhalb des Wohnzimmers nicht ausstehen.

Rosige Aussichten: Die Rosen in seinem Garten (oben) liebte und pflegte Verdi, den Lorbeer der Organisationen hasste er. Trotzdem wurde er sogar von den Karikaturisten verewigt, wie er sich auf seinen Ruhmeswerken und dem Lorbeer ausruht, der im Bett schon auf ihn wartet (unten).

Als die *Aida* heftig beworben wird, schreibt er verärgert an den Kritikerfreund Filippo Filippi: „Ich erinnere mich stets mit Freude der Zeit meiner Anfänge, als ich fast ohne Freunde, ohne Vorbereitungen, ohne jeden Einfluss mit meinen Werken vor das Publikum trat, bereit, mich den Schüssen zu stellen, und überglücklich, wenn es mir gelingen konnte, hier und da einen günstigen Eindruck zu erwecken. – Und jetzt – wie viel Pomp für eine Oper!!! Journalisten, Solisten, Choristen, Direktoren, Professoren usw. usw. Alle müssen sie ihre Steine zum Rahmen der Reklame beitragen und damit einen Rahmen aus elenden Nichtigkeiten formen, die das Verdienst der Oper nicht im Geringsten mehren, sondern ihren wahren Wert, falls sie den hat, sogar vermindern." Und seinen Verleger Giulio Ricordi fleht er an: „Um Himmels willen keine Reklame, kein Drum und Dran, das für mich die allertiefste Erniedrigung ist."

Orden und Ehrenämter, Ehrungen und Jubelfeiern, Kronen, Zepter und Titel sind die Sorte Pomp, die Verdi besonders unsympathisch ist. Das Schlimmste: Sie werden ihm nach der Einigung Italiens auch noch von politischer Seite her angetragen, galt er doch als Symbolgestalt des Risorgimento und wurde hochstilisiert zu einer Figur von mystischer Bedeutsamkeit: Der Name VERDI wurde interpretiert als die Verschlüsselung dessen, was erklärtes Ziel von Cavour und seinen Anhängern war: »Vittorio Emmanuele Re d'Italia« – Viktor Emanuel sollte König eines vereinten Italien werden. Sosehr die Nation Verdi am Herzen liegt, so wenig will er irgendwelche Ämter für diese Nation übernehmen. Sein Parlamentssitz bleibt durchgehend unbesetzt. Und Dankesbezeugungen weist er mit aller Energie zurück. Beliebt macht man sich bei Verdi nur, wenn man ihn davor bewahrt: „In der *Perseveranza* lese ich, dass ich den Titel Marchese erhalten soll. Ich wende mich an Sie, an den Künstler, damit Sie alles tun, um das zu verhindern", schreibt er an den Schriftsteller Martini, der zum Kulturminister ernannt worden ist. „Meine Dankbarkeit wird viel größer sein, wenn diese Ernennung unterbleibt." Und als die Universität von Cambridge ihm einen Ehrendoktortitel verleihen will, schiebt er seinen Freund Arrigo Boito vor und freut sich wie ein Kind, als dem der Hut aufgesetzt wird.

Viele können es kaum glauben und halten es anfangs für Koketterie. Aber' irgendwann müssen es alle einsehen: Verdi will um alles in der Welt jeden Aufwand und jedes Aufheben um seine Person vermeiden. 1887, als er der berühmteste Mann Italiens ist, will der Hotelier Spatz an Verdis Zimmer im Hotel Milan ein Schild anbringen, um darauf aufmerksam zu machen, welcher große Stammgast dort abzusteigen pflegt. „Ich glaube nicht", erhält er zur Antwort, „dass es gut wäre, meinen Namen über dem Zimmer anbringen zu lassen. Es scheint mir, dass die Leute, die es in Zukunft bewohnen, nicht mehr zufrieden sein dürften, über ihrer Wohnung gleich einen anderen Namen zu finden."

Ein großer Bahnhof ist ihm in jeder Hinsicht unangenehm. Lieber nimmt er einige Unbequemlichkeiten in Kauf, sogar noch als 65-Jähriger.

„Am Donnerstag, dem 20., um 5. 3/4 werde ich mit Peppina in Mailand sein", schreibt er Ricordi. „Wir kommen privat, sage also niemand etwas davon. Wenn Ihr zum Bahnhof kommen wollt, ist es recht, aber sonst niemand, und ohne das Tralala von eleganten Wagen. […] Ein Omnibus, ein Fiaker kostet ebenso viel, sogar weniger."

Verleger und Verehrer: Giulio Ricordi erkannte, dass Verdi ein Genie … und eine Goldgrube war. Und saß mit Verdi nicht nur über Verträgen, sondern auch über vielen dampfenden Tellern.

Der weite Weg zum großen Mann: Die Anreise nach Sant'Agata über die damals noch holprigen Straßen der Bassa war mühsam. Doch jeder wünschte sich, diese Mühen auf sich nehmen zu dürfen.

Wer sich bei Verdi anmeldet, könnte befürchten, dass er es mit seinen Gästen ähnlich hält und sie sich mühsam allein den Weg in die Abgeschiedenheit von Sant'Agata suchen müssen. Aber das erweist sich beruhigenderweise als Irrtum. Verdi will seinen Besuchern möglichst viele Unannehmlichkeiten ersparen, ist in seinen Augen, oder besser gesagt: für sein Hinterteil, doch bereits die Bahnreise eine unzumutbare Folter. „Die Eisenbahnen sind dazu da, den armen Leuten die Ärsche zu verstauchen und die Sachen zu zerbrechen, die sie transportieren", beschwert er sich bei Arrivabene.

Sant'Agata liegt abseits aller Hauptverkehrsverbindungen. Aber auch das braucht Besucher nicht zu kümmern, denn Verdi ist ein wandelnder Fahrplan und bereitet die Anreise seiner Gäste generalstabsmäßig vor. Entsprechend militärisch hören sich seine Anweisungen an. „Nimm die Fahrkarte bis Piacenza", befiehlt er Angelo Mariani, „dort nimmst Du eine neue bis Borgo San Donnino. Wenn Du um 10 Uhr fährst, bis Du um 3 Uhr in Piacenza, hast eine halbe Stunde Aufenthalt und kommst um 4 Uhr nach Borgo. Dort findest Du einen Wagen nach Busseto – aber da er auf die Verbindung Parma wartet, fährt er von Borgo sehr spät ab. Du kannst in Borgo zu Mittag essen und auf den Wagen warten; oder eine leichte Extrapost aufnehmen, die Dich nach Busseto bringt. Oder aber Du schreibst mir einen Tag vorher, und ich komme nach Borgo oder schicke Dir meine Pferde. Hast Du alles verstanden?"

Das Gedächtnis von Komponisten und Dirigenten gilt allgemein als überragend. Verdi hat sämtliche Eisenbahnverbindungen zu den Bahnhöfen rund um Sant'Agata im Kopf, und wer immer anreist, wird genauestens instruiert. Und das befreiende Jubelgefühl, den *Otello* zu Ende komponiert zu haben, entlädt sich zwar in insgesamt 14 Ausrufezeichen, beeinträchtigt aber keineswegs Verdis Tauglichkeit als Reisebüro. Am 1. November 1886 vermeldet er seinem Verleger Giulio Ricordi,

„dass der Otello vollständig fertig ist!! Wirklich fertig!!!! […] Endlich!!!!!!!! Ich wage es nicht, ihn per Post zu schicken, weil zu viele neue Seiten darunter sind, und wehe, wenn die verloren gingen! – Arrangieren wir es also wie vorher. Schickt Garignani bis nach Fiorenzuola, weil es mir jetzt unbequem wäre, zu früh aufzustehen oder zu spät nach Hause zu kommen, um nach Piacenza zu gehen. Vereinbaren wir es also für Mittwoch, den 3. Garignani müsste von Mailand mit dem Eilzug um 11:40 abfahren und in Fiorenzuola um 2 Uhr nachmittags eintreffen – er würde gleich mit dem Zug um 2:36 zurückfahren und wäre um 5:05 wieder in Mailand. Ich wäre selbst um zwei in Fiorenzuola, und wir hätten eine gute halbe Stunde zu plaudern, wenn es nötig sein sollte. Habe ich mich erklärt?"

Die Geburt des Otello: „Den Bronzekoloss noch einmal zum Klingen bringen", den greisen Verdi nochmals zum Komponieren verführen, wollte der junge Dichter Arrigo Boito. Und schaffte es: Auf Sant'Agata wurde das gemeinsame Kind Otello geboren. Und sechs Jahre später Falstaff.

Und auch mit seinem geschätzten, zart besaiteten Textdichter Boito redet er im Ton eines Feldwebels, wenn es um die Anreise geht. „Es ist unnötig, dass Ihr in Piacenza einen Wagen nehmt. Ihr könnt von Mailand Montag Vormittag um 11:40 abfahren, und ohne in Piacenza umzusteigen, kommt ihr um 2:01 in Fiorenzuola an, wo Ihr meinen Wagen finden werdet. Mein Kutscher kennt Euch. Wenn Giacosa aus Piemont kommt, kommt er ein paar Minuten nach Euch in Piacenza an. Er steigt aus seinem Waggon aus und fährt mit Euch bis Fiorenzuola. Ich wiederhole, um 2:01!"

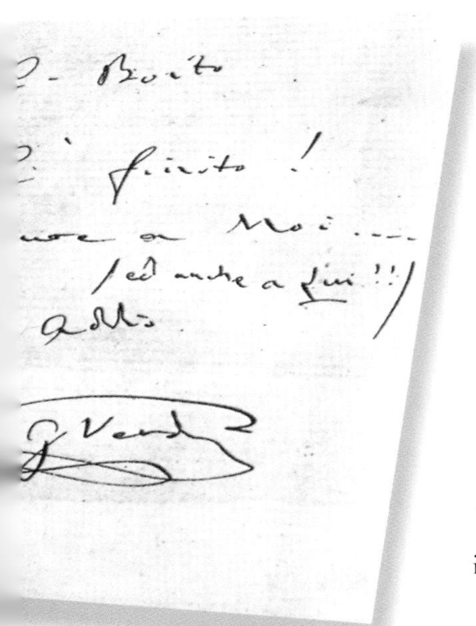

Solchermaßen verwöhnt, könnte der Gast allerdings befürchten, nach komfortablem Transport recht frugal bewirtet zu werden. Denn wer sich im Freundeskreis umhört, kommt nicht um die Erkenntnis herum: Verdi ist sparsam, man könnte es sogar geizig nennen.

„Bist Du verrückt geworden oder im Begriff es zu werden?" Verdis Ton lässt an Deutlichkeit nichts zu wünschen übrig. „Geh ins Krankenhaus und lass Dein Gehirn kurieren." Der Freund, mit dem er derart grob umgeht, ist einer seiner engsten: Francesco Maria Piave. Der Grund: Dieser bittet, Verdi möge ihm „aus einer Patsche helfen", zu deutsch: Er will Geld. Nicht in bar, sondern in Gestalt der Rechte für den *Corsaro*, zu dem Piave das Libretto geschrieben hatte. „Diesen *Corsaro*", zetert Verdi, „an dem ich so viel herumgemurkst habe. Der mich so viele Gedanken kostet und den Du selbst sorgfältiger als sonst in Verse gebracht hast?" Aber ein paar Zeilen weiter gibt er bereits nach. Dem Dichter Piave würde er nicht helfen, erklärt er, aber dem Freund, „dessen mehr als brüderliche Sorge zur Zeit meiner Krankheit ich nie vergessen werde, kann ich diese Überlassung nicht abschlagen".

Sieht Verdi sich aus familiären Gründen genötigt zu helfen, wo es ihm eigentlich nicht passt, ist dieser Widerwillen unüberhörbar. Mit seinem Vater hat er noch nie ein gutes Verhältnis gehabt, nur Mamma hat er sein Leben lang vergöttert. Als Carlo Verdi, kaum hat Giuseppe das Anwesen gekauft, sich großmäulig als Verwalter von Sant'Agata ausgibt, wird der Sohn sehr deutlich. „Ich beabsichtige, von meinem Vater in häuslichen Angelegenheiten und Geschäften getrennt zu bleiben", erklärt er seinem Anwalt streng. „Sagen Sie meinem Vater ruhig, dass ich seiner ständigen üblen Machenschaften müde bin und sein Geschimpfe nichts anderes erreichen wird, als mich zu einem Entschluss zu bringen, der für ihn ebenso verhängnisvoll wäre wie für mich." Giuseppe bringt die verheerenden Finanzen von Carlo wohl vor allem deswegen in Ordnung, dass ihm die Leute in der Gegend nicht zu tratschen anfangen über den reichen Sohn, der den armen Alten hängen lässt. Auch mit Trinkgeldern ist der Maestro nicht eben großzügig und nimmt dankbar die Gelegenheit wahr, wegen mangelnder Leistung gar keines zu geben. Im Nachhinein freilich packt ihn dann die Reue. Aus dem Kuraufenthalt in Montecatini Terme bittet er Franco Faccio: „Seien Sie so lieb, wenn Sie beim Gasthaus Trombetta vorbeikommen, die hier beigelegten fünf Lire dem armen Teufel von Omnibuskutscher in diesem Gasthaus zu übergeben. Wir haben zwar wahrhaftig durch seine Schuld beinahe den Zug versäumt. Aber jetzt ist mein Zorn vorüber, und es tut mir leid, dass ich für ihn nichts zurückgelassen habe."

Der Schwan von Busseto: Verdis Beiname lebt; ein schwarzer Schwan gleitet hier übers Wasser hinter dem Palazzo Pallavicino in Busseto. Darin befinden sich einige Verdi-Reliquien. Der Star von Mailand: Il Corsaro – hier das Plakat der Uraufführung – brachte Verdi Ruhm und Geld.

Vielleicht ist es die unauslöschliche Erinnerung an die bedrückende Armut der frühen Jahre, die Verdi in Fragen des Geldes so unerbittlich macht. Und das Sparen beinahe zu einem Zwang werden lässt. 1864, als er längst ein mehr als wohlhabender Mann ist, interessiert Verdi sich brennend für alle Neuerungen, durch die sich die Ausgaben reduzieren lassen. „Ich habe mir", schreibt er höchst zufrieden aus Sant'Agata an Arrivabene, „aus Paris einen Sparherd für Borgo San Donnino nach Turin schicken lassen."

Pracht und Herrlichkeit: Zu seinem 100. Geburtstag feierte Parma Verdi mit Gala-Aufführungen vom Frühwerk Oberto bis zum Spätwerk Messa di Reqiem.

Verdi geizt sogar dann, wenn es gar nicht sein Geld ist, das ausgegeben wird. Da geht es um sein von allen sehnsüchtig erwartetes Spätwerk, den *Otello*. Aber der Meister denkt nicht an unbezahlbaren Ruhm, er denkt nur an die Kosten. „Keine übermäßigen Honorare für die Künstler" und „keine bezahlten Proben", ermahnt er noch als Greis von fast achtzig Jahren seinen Verleger Giulio Ricordi. Am schnöden Mammon wäre um ein Haar seine Freundschaft mit dem Pariser Librettisten Du Locle gescheitert, obwohl er für dessen Notlage wahrhaftig Verständnis hätte haben müssen: Bizets *Carmen*, die Du Locle als Intendant der Opéra-Comique in Auftrag gegeben hatte, war ein Flop geworden. Verdi gab ihm ein Darlehen. Und als es nicht pünktlich zurückgezahlt wird, ist er drauf und dran, um sein Geld zu prozessieren. Erst Jahre nachdem der Mann, den Verdi „die Liebenswürdigkeit und Vornehmheit in Person" nannte, seine Schulden beglichen hat, versöhnt Verdi sich mit ihm.

Er selbst nimmt es allerdings nicht so streng mit Rückzahlungen. An der Bahn in Rom hatte er sich einmal von seinem *Falstaff*-Dirigenten Mascheroni 100 Lire geliehen und dann vergessen, sie zurückzugeben. Als ihm zu Ohren kommt, Mascheroni rege sich darüber fürchterlich auf, schreibt der reiche 80-Jährige nur spöttisch: „Armer *Farfarello* [= Kobold – den Spitznamen hatte Verdi ihm verpasst]! Die viele Mühe und Arbeit und dazu noch die Gefahr, 100 Lire zu verlieren! Ah, ah, ah, ah! Ich habe gleich an Giulio telegrafiert – und der gleich an Nuti: Er hat vielleicht zu dieser Stunde schon die Schuld beglichen. Amen."

Aber auf Sant'Agata ist von Geiz nichts zu spüren, nicht einmal von Sparsamkeit. Vorräte sind immer reichlich vorhanden, vor allem vom kleinen „Arsch aus Zibello", vom *Culatello di Zibello*, wie der köstliche luftgetrocknete Schinken aus einem Nachbarort heißt, der bis heute selbst Verdi-Verächter in diese Gegend lockt. Und weil die schönen Sommerwochen in der Bassa heiß und schwül sind, also jenes Klima herrscht, in dem alles schnell verdirbt, hat Verdi einen Eiskeller anlegen lassen hinterm Haus: einen Erdhügel, in dem das Eis, das im Winter vom zugefrorenen Gartenteich gehackt worden ist, für Kühlung sorgt.

Stille und Gastlichkeit: Verdi mit Freunden und Bekannten an seinem Teich im Garten von Sant'Agata.

Verdi beherbergt und bewirtet seine Gäste oft wochenlang. Nicht nur, weil er ihre Anregungen braucht in der Einsamkeit da draußen, auch weil er dort Diskussionen mit seinen Librettisten und Dirigenten führt oder Verhandlungen mit seinem Verleger. Als sich der Kritiker Filippo Filippi anmeldet für einen Besuch auf Sant'Agata, warnt Verdi ihn: Der Textdichter Piave und der Dirgent Mariani, schreibt er, „werden Ihnen wahrscheinlich schon gesagt haben, dass man auf Sant'Agata keine Musik macht und man auch nie von ihr spricht; und Sie laufen Gefahr, dort ein nicht nur verstimmtes, sondern sogar ein saitenloses Klavier zu finden."
Verdi stilisiert sich gerne als den Eremiten, der gar keine Lust mehr aufs Komponieren und Diskutieren über Musik hat. Ein Gast, der auf Sant'Agata ein musikgeschwängertes Haus erwartet, wird leicht enttäuscht. Es sei denn, er hat das Glück, gleichzeitig mit einem der Librettisten oder Solisten dort zu sein. Wenn Verdi sich mit dem Textdichter auseinandersetzt, wenn er seine mehr oder weniger geschätzten Sänger trainiert, herrscht allerdings keine gelöste Trällerstimmung, sondern hochkonzen-

trierte Arbeitsatmosphäre. Für Starallüren hat der Meister nichts übrig. Es ist ihm völlig gleichgültig, wie umjubelt eine Diva irgendwo ist. Bei ihm kann sie sich keinerlei Sperenzchen erlauben. „Es gehört zu meinen Gewohnheiten, mir von keinem Sänger, von keiner Sängerin etwas befehlen zu lassen.“ Verdi verbietet den Sängern Zusatzarien, selbst gebastelte Schnörkel und Rondos oder Arien in eine ihnen bequemere Lage zu transponieren. Und auch wenn ein Tenor das hohe C, eine Sopranistin das hohe F noch so gut drauf hat – er untersagt es strengstens, den Ton länger auszuhalten, als es in den Noten steht. Auch wenn sie in der intimen Welt von Sant'Agata proben, dürfen die Sänger – und sie sind ausnahmslos Stars der Spitzenklasse – von Verdi alles erwarten außer Lob. Es gelinge ihm nie, gesteht Verdi einmal Clarina Maffei, „eines von den schönen Worten herauszubringen, eine von den Phrasen, die alles in Entzücken aufgehen lassen. Nein, nie werde ich zum Beispiel einem Sänger sagen können: ‚Oh, Ihr Talent, Ihr Ausdruck! Man kann das nicht besser machen! Welch eine himmlische Stimme! Was für ein Bariton: Seit fünfzig Jahren ist ein solches Phänomen nicht da gewesen.‘ “

Die meisten Sänger sind für ihn Notlösungen, Idealbesetzungen gibt es für ihn ganz selten. Entweder ist die Stimme groß, aber die Musikalität und Sensibilität recht klein, oder umgekehrt. Besonders hart nimmt Verdi Francesco Tamagno ran, wie Verdi Sohn von Gastwirten, die in Turin ein Lokal mit Fischspezialitäten führten. Tamagno ist das, was in Fachkreisen ein Rampenbrüller genannt wird, weil er den Leuten nur seine Töne ins Gesicht knallt, ohne Rücksicht auf Tiefsinn, Feinsinn oder den Rest des Ensembles. Tamagno ist also das Gegenteil dessen, was Verdi sich für seinen *Otello* vorstellt und eindrücklich schildert.

„Nachdem er begriffen hat, dass Desdemona unschuldig getötet wurde, geht Otello der Atem aus; er ist physisch und moralisch erledigt; er kann und darf

Der Heldentenor auf der Bühne: Francesco Tamagno soll die lauteste Tenorstimme aller Zeiten besessen haben und konnte sehr bühnenwirksam sterben – wie hier als Otello.

nur noch mit halb erloschener, verschleierter Stimme singen, aber mit sicherer. Das ist eine Eigenschaft, die Tamagno nicht hat. Er muss immer mit voller Stimme singen, ohne die sein Ton hässlich, unsicher, unsauber wird [...]. Das ist etwas sehr Ernstes, was mir viel zu denken gibt! Lieber will ich die Oper nicht hergeben, wenn diese Stelle der Partitur nicht richtig rauskommt."

Der Heldentenor auf Sant'Agata: Verzweifelt versuchte Verdi in Klausur dem lauten Tamagno die leisen Untertöne beizubringen.

Und im *Otello* fließt sein Herzblut, weiß Verdi doch, wie begierig die Welt wartet auf das späte Werk, die erste neue Verdi-Oper nach sechzehnjähriger Pause. Tamagnos Aufenthalte auf dem Landgut haben nichts von einer Ferienidylle. Morgens einen Kaffee, dann üben, üben, üben. Eine kleine Suppe, ein Spaziergang, und dann die nächste Schicht – bis zum Mittagessen am Spätnachmittag. Den Damen geht es in keiner Hinsicht besser. Auch was die Beurteilung von Sängerinnen angeht, kennt Verdi weder Charme noch Gnade. Auf der Suche nach einer geeigneten Desdemona geht er in einem Brief an Ricordi vom 29. April 1887 die Möglichkeiten durch: „Die Cattaneo? Die Damerini? Holzklötze, unmöglich zur Darstellung dieser so poetischen Partie, einer zu poetischen für Fleischklumpen ohne Talent." Mit der einzigen, die übrig bleibt – Romilda Pantaleoni –, ist er auch nicht glücklich, denn „sie hat immer unrein gesungen; und das hat ihre Erfolge niemals verhindert".

Und die hübsche Romilda nimmt ebenfalls die mühsame Reise nach Sant'Agata auf sich, um mit dem Maestro persönlich zu proben. Wer nun weiß, wie erbarmungslos streng er Sänger beurteilt und triezt, kann sich ausmalen, dass es der umschwärmten Diva dort nicht gerade rosig gehen wird. Franco Faccio, ihr Geliebter und der Dirigent der *Otello*-Premiere, trifft sie auf dem Rückweg, auf der Durchreise in Brescia, nach dem Probenmarathon bei Verdi. Und berichtet von ihrer Verfassung auf der Rückreise von Sant'Agata: „ Sie strahlte vor Freude und lachte und weinte gleichzeitig, als sie mir von der liebevollen Aufnahme sprach, mit der der große Maestro sie beehrte, von den Studien mit dem berühmten Autor, von seinen wohlwollenden Ermutigungen, seinen wertvollen Ratschlägen zur Korrektur ihrer stimmlichen Fehler." Und auch nach dem zweiten Aufenthalt in Sant'Agata ist Romilda nicht erschöpft, sie ist völlig euphorisch: „Gestern Abend kehrte ich von Busseto zurück, wo ich zwölf Tage im Genuss der erhabenen Harmonie des großen Alten verbrachte!" erzählt sie ihrem Bruder. „Wenn Du die himmlischen Sachen und die Kraft dieses Künstlers erleben könntest! Es scheint unmöglich, dass dies alles von einem Mann erschaffen wurde, der über siebzig ist. Und welche Zartheit und Tiefe ist im Blick seines Genies! Er ließ mich täglich zweimal studieren, morgens und gegen Abend! Und ich versichere Dir, dass ich mit ihm die unerhörten Schönheiten jener süßen und gleichzeitig machtvollen Melodien gründlich erforscht habe; ich glaube wirklich, dass ich mit dieser Oper zum Höhepunkt meines Ruhms gelangen werde!" Dorthin gelangt sie leider nicht, muss sich im Gegenteil von Verdi noch Vorhaltungen machen lassen, in geschwächtem Zustand und folglich schlecht gesungen zu haben, aber trotzdem hält sie ihn und seine Gastfreundschaft ein Leben lang hoch.

Die Faszination des Meisters: Die Sopranistin Romilda Pantaleoni war von der Begegnung mit Verdi auf Sant'Agata ergriffen. Und er war von ihrem Gespür für die Desdemona beglückt.

Sosehr Verdi versucht, Sant'Agata als einen Ort darzustellen, in dem Musik geschrieben, aber nicht gemacht wird, so sehr bemühen sich seine Verehrer, das Gegenteil zu erleben – und zu beschreiben. Der Dramatiker Giuseppe Giacosa, der die Gnade erlebte, eingelassen zu werden, verarbeitete seine Erlebnisse auf Sant'Agata in einem Vortrag mit dem Titel „Die Kunst des Lebens", den er im Mai 1885 in Triest hielt. Und er beschwor natürlich genau die Situation herauf, die sich jeder, der gerne zu Gast wäre bei Verdi, vorstellt: einzigartig, großartig, jede Minute ein Stück Operngeschichte. Er lieferte den Zuhörern, was sie hören wollten. „Ich erinnere mich", berichtete der beneidete Augen- und Ohrenzeuge, „einen der auserlesensten geistigen Genüsse erlebt zu haben, als ich Verdi die Verse des Dramas lesen hörte, das er zur Zeit komponiert." Es ging um den ersten Entwurf des *Otello*-Librettos, das Verdi auf Sant'Agata mit Boito durchsprach. „Während er mit tiefem dramatischem Scharfsinn diskutierte, begann er mit voller Stimme ganze Szenen des Dramas zu lesen. Boito und ich drückten einander mit wechselnden Blicken das andächtige Gefühl der Bewunderung aus, das uns bewegte."

Verdi, der gerne so tut, als habe er keinerlei darstellerische Begabung, erscheint bei Giacosa geradezu als schauspielerisches Genie. „Die Stimme, die Betonung, die Kadenzen, die Leidenschaften, die Zornausbrüche waren derart, verrieten eine so lebhafte Erschütterung, dass uns der Quell der musikalischen Erfindung klar in ihnen erschien." Bei Giacosa geht die

Die Faszination des Ortes: Der melancholische Zauber des Gartens von Sant'Agata mit seinen exotischen Pflanzen und seinen bizarren Wundern hat die Pantaleoni ebenso berührt wie andere berühmte Gäste.

armonia

Erschütterung so weit, dass ihm, dem sonst so beherrschten Sprachkünstler, metaphorisch der Gaul durchgeht: „Wir sahen mit eigenen Augen den Keim der Melodie."

Gerade diejenigen, die Verdi erst besuchten, als er der berühmteste Greis Europas war, als er vom Abgott zum Gott erhoben wurde, waren schon durch die Einladung derart ergriffen, dass sie in Ekstase gerieten. Stolzgeschwellt, wie jeder, der Gast war bei Giuseppe Verdi, macht Giacosa in seinem Vortrag dem Publikum klar, dass er dort etwas Epochales miterlebt hat: „In dieser Lesung hörten wir die Harmonien angedeutet, die über die ganze Erde gehen werden."

Natürlich lässt ein dramatisch begabter Mann wie Giacosa es sich nicht entgehen, eine Stimmung zu schildern, die den Träumen und Sehnsüchten aller Verdi-Verehrer entspricht. „Eines Abends, gleich nach Tisch, gingen wir in den Hof hinaus. Verdi und seine Gattin saßen auf den Stufen, die ins Haus führen; Signora Stolz, Boito und ich blieben im Freien. Der Mond schien, und sein klares Licht teilte den Hof in strahlendes Silber und tiefes Dunkel. Wer der Erste war, weiß ich nicht mehr; sicher ist nur, dass man ein Motiv aus *Ernani* hörte; einer übernahm den Gesang des anderen, und mit Hilfe der Dunkelheit, vom Abendessen angeregt, ermutigt von nächtlicher Schwärmerei und von der Atmosphäre des großen Theaterlebens bewegt, führten wir zu dritt mit Gesten und Gesang die Szenen dieser Oper auf. Verdi und die gute Signora Giuseppina lachten und applaudierten." *(Fortsetzung auf Seite 106)*

Pasta e Riso

Nudeln und Reis

Grundrezept Pastateig

500 g Weißmehl, 4 Eier, 2 Eigelb, etwas Olivenöl

Mehl, Eier und Eigelb zu einen glatten, geschmeidigen Teig verarbeiten. Er darf nicht zu trocken und nicht zu feucht sein, sonst entweder ein wenig Wasser oder Mehl zugeben. Mit der Hand 10–12 Minuten durchkneten, bis der Teig sich warm anfühlt und zu glänzen anfängt. Mit Olivenöl bepinseln und dann bei Zimmertemperatur 30 Minuten ruhen lassen. Portionsweise auf dem bemehlten Nudelbrett auswalzen, mit scharfem Messer, je nach Verwendung, in Kreise, Rechtecke oder Quadrate schneiden und formen.

Cappelletti und Cappellacci, Tortellini, Tortelloni und Tagliatelle, Garganelli, Anoloni und Stricchetti – viele der berühmten italienischen Pastaspezialitäten stammen aus der Emilia-Romagna. Zu vielen gibt es einschlägige Legenden, manche beweisen ihre Würde auch durch diejenigen, die ihre Ehre hüten. So wurde in Bologna sogar ein Verein gegründet, der die Qualitätsanforderungen an Tortelli, Tortellini und Tortelloni sichern soll.

Dabei erheben die Modeneser den Anspruch, diese Pastaform erfunden zu haben. In hübsch gedrechselten Reimen berichtet jedenfalls eine Legende, Venus, Mars und Bacchus hätten sich dereinst auf den Weg gemacht, um der Stadt Modena gegen die prächtigere, reichere Schwester Bologna zu helfen. Der Wirt des Gasthofs, in dem sie übernachteten, lugte nachts neugierig durchs Schlüsselloch, um die vielgerühmte Schönheit der Liebesgöttin zu begutachten. Und war von ihrem wahrhaft göttlichen Nabel so entzückt, dass er ihn am nächsten Tag nachzubilden versuchte – in Gestalt eines sanft geschlungenen Teigtäschchens.

Tortelli d'erbette

Tortelli mit Mangold-Ricotta-Füllung

Für den Pastateig:
Zutaten siehe Grundrezept, Seite 91
Für die Füllung:
100 g Blattmangold, geputzt und blanchiert, 30 g frische, fein gehackte Kräuter (z.B. Oregano oder Majoran, glatte Petersilie, Estragon, Basilikum), 300 g Ricotta, 100 Gramm frisch geriebener Parmesan, zusätzlich Parmesan zum Bestreuen

Die Mangoldblätter gut auspressen und fein hacken. Mit Ricotta, Parmesan und Kräutern vermischen und zugedeckt kalt stellen. Den Pastateig dünn auswalzen, in Quadrate schneiden. In die Mitte jedes Quadrats ein nussgroßes Löffelchen Füllung geben und die Ränder mit Wasser bepinseln. Die Luft rund um die Füllung herausdrücken, die Ecken der Quadrate zum Dreieck falten und die Ränder festdrücken. Die fertig geformten Tortelli nebeneinander auf ein mit Mehl bestäubtes Küchentuch setzen.

Salzwasser zum Sieden bringen, die Tortelli vorsichtig hineingeben, al dente garen, mit der Schaumkelle herausheben, abtropfen lassen und auf vorgewärmten Tellern mit etwas frisch geriebenem Parmesan servieren.

Tortelloni alla zucca

Kürbis-Tortelloni

Für den Pastateig:
Zutaten siehe Grundrezept, Seite 91
Für die Füllung:
1 kg entkernter Kürbis mit Schale, Olivenöl,
70 g frisch geriebener Parmesan, 1 verquirltes Ei,
1 Prise frisch geriebene Muskatnuss, 1 Prise Zucker,
Salz, frische Salbeiblätter, Butter

Im Dialekt von Verdis Heimat heißen sie tordèj d'succa.

Den Pastateig nach dem Grundrezept zubereiten und dann den Backofen auf 180 °C vorheizen. Während der Teig ruht, den Kürbis in sechs Stücke schneiden, mit Öl bepinseln und auf ein mit Backpapier belegtes Blech geben. In der Mitte des Ofens 50 Minuten schmoren und danach gut abkühlen lassen. Das Kürbisfleisch von der Schale befreien und mit allen anderen Zutaten vermischen.

Den Pastateig in Quadrate schneiden und in die Mitte jedes Quadrats eine nussgroße Portion von der Füllung setzen. Die Teigränder mit Wasser bepinseln und zu einem Dreieck falten. Tortelloni formen, indem man das Dreieck um den Finger schlingt, dabei etwas auszieht und die Spitzen leicht zusammendrückt. In siedendem Salzwasser al dente garen.

Kurz bevor sie fertig sind, die gewaschenen und sorgsam trocken getupften Salbeiblätter in Butter kross braten. Die Tortelloni abgießen, gründlich abtropfen lassen, mit der Salbeibutter übergießen und auf vorgewärmten Tellern servieren.

Gnocchi fondenti

Gnocchi-Gratin

¼ l Milch, 1 Prise Salz, 200 g Butter,
300 g Mehl, 4 Eier,
1 Prise frisch geriebene Muskatnuss,
230 g frisch geriebener Parmesan,
200 ml Sahne

Die Milch mit Salz und Butter aufkochen. Vom Herd nehmen und das Mehl einrühren. Den Topf wieder auf den Herd stellen und unter Rühren kochen, bis eine teigige Masse entsteht. Salzwasser aufsetzen und zum Sieden bringen. Die Masse einige Minuten abkühlen lassen, dann die Eier nacheinander unterziehen und den Teig so lange schlagen, bis er Blasen wirft. Mit Muskatnuss und 50 g des geriebenen Parmesans würzen.

Den Backofen auf 200 °C vorheizen. Den Teig in einen Dressiersack mit weicher Tülle füllen. Von dem Strang, der herausquillt, kleine Stückchen abschneiden und sofort in kochendes Salzwasser geben. Wenn die Gnocchi an die Oberfläche steigen, noch ein paar Minuten quellen lassen. Dann mit der Schaumkelle herausheben und in eine flache, ofenfeste Form geben.

Die Sahne zusammen mit den restlichen 150 g des geriebenen Parmesans langsam erhitzen, über die Gnocchi gießen und im vorgeheizten Ofen in ca. 20 Minuten goldgelb backen.

Tagliatelle al prosciutto di Parma

Bandnudeln mit Parmaschinken

Angeblich sind sie schon ein halbes Jahrtausend alt – die Bologneser behaupten jedenfalls, schon im Jahr 1501 die Tagliatelle erfunden zu haben. Denn in diesem Jahr soll das Hochzeitsfest von Lucrezia Borgia mit dem Herzog von Ferrara stattgefunden haben, und angeblich haben die blonden langen Locken der Lucrezia den Koch, einen gewissen Zefirano aus Bentivoglio, zu den langen blonden Nudeln inspiriert.

Sicher ist, dass die Tagliatelle ihren Namen von tagliare, „schneiden", haben und dass die Emilianer zu diesem Gericht tajadéli al parsùtt sagen.

Für den Teig:
300 g Mehl und Mehl zum Ausrollen, 3 Eier, 1 Prise Salz
Für die Beilage:
150 g Parmaschinken, nicht zu fein geschnitten,
75 g frisch geriebener Parmesan, 1 Zwiebel, fein gehackt,
75 g Butter, Salz, Pfeffer aus der Mühle

Das Mehl mit den Eiern und etwas Salz zu einem geschmeidigen Teig verarbeiten, mit einem feuchten Tuch bedecken und 30 Minuten ruhen lassen. Dann mit bemehltem Nudelholz auf bemehlter Arbeitsfläche sehr dünn ausrollen. In Streifen von 10 cm Länge und ca. 6–7 mm Breite schneiden (in gegartem Zustand sind die authentischen Tagliatelle der Emilia-Romagna 8 mm breit). In einem großen Topf 3 Liter gesalzenes Wasser zum Kochen bringen.

Das Fett von den Parmaschinkenscheiben abschneiden, den fetten wie den mageren Teil in kleine Würfel schneiden. 50 g Butter in einer großen Pfanne zerlassen und die fetten Schinkenwürfel darin leicht anbraten. Die fein gehackte Zwiebel zugeben und glasig werden lassen. Nun erst die mageren Schinkenwürfel hinzufügen und unter Rühren sanft braten.

Währenddessen die Nudeln in kochendem Salzwasser in ca. 10 Minuten al dente garen, abgießen, abtropfen lassen und zu dem Schinken in die Pfanne geben. Salzen und pfeffern, gut durchmischen und in eine vorgewärmte Schüssel oder portionsweise auf vorgewärmte Teller geben. Der Parmesan wird in einem Schüsselchen dazu serviert.

Selbstverständlich lässt sich dieses Gericht auch mit gekauften Tagliatelle zubereiten, aber wer es einmal mit hausgemachten gegessen hat, ist für immer verdorben. Denn der feine Geschmack der Nudeln kommt hier ganz besonders gut zur Geltung.

Ravioli alla genovese

Ravioli nach Art von Genua

Für den Pastateig:
Zutaten siehe Grundrezept, Seite 91
Für die Füllung:
150 g Kalbsbries, 125 g Hackfleisch vom Kalb, 125 g Kalbsbrät, 200 g blanchierte, trockengetupfte Mangoldblätter ohne Stiele, fein gehackt, 175 g Blätter vom Borretsch (blanchiert), Petersilie und Basilikum, alles fein gehackt (ist kein Borretsch zur Hand, entsprechend mehr von den anderen Kräutern nehmen), 4 EL geriebener Parmesan, 100 ml Kalbsfond, 2 Eier, 1 Brötchen vom Vortag, ½ TL getrockneter Majoran, Salz, Pfeffer aus der Mühle
Zum Servieren:
2 TL frische Majoranblätter, fein gewiegt, 75 g Butter, frisch geriebener Parmesan

Pastateig nach dem Grundrezept zubereiten, zu einer Kugel formen, in ein feuchtes Tuch wickeln und ruhen lassen.

Für die Füllung die gehackten Kräuter in eine Schüssel geben. Das Kalbsbries im Salzwasser 5 Minuten blanchieren, gründlich putzen, fein würfeln und zu den Kräutern geben. Das Brötchen entrinden und die Krume in dem Kalbsfond einweichen. Nun das Hackfleisch und das Kalbsbrät zu den Kräutern und dem Bries hinzufügen, Eier, Semmelbrösel, Parmesan, Majoran und die eingeweichte, ausgedrückte Krume beigeben, salzen und pfeffern und mit einem Holzlöffel zu einer gleichmäßigen Mischung gründlich durcharbeiten.

Immer wieder ist in den Briefen von und an Giuseppe und Giuseppina die Rede von den Ravioli, die es bei den Verdis im Genueser Winterwohnsitz gab. Dabei kann es sich nur um die für dort typischen Ravioli gehandelt haben, deren Füllung durch die Kräuter, die in Ligurien so gut gedeihen, ihr unverwechselbares Aroma bekommt.

Die Teigkugel halbieren, beide Hälften auf bemehlter Fläche 2 mm dünn ausrollen und mit einem Teigrädchen in 5 cm breite Streifen schneiden. Auf der Hälfte der Streifen im Abstand von ca. 3 cm mit einem Teelöffel kleine Portionen der Füllung verteilen, dann die Teigstreifen der anderen Hälfte darauf legen und die Ravioli ausschneiden. Die Ränder sacht aneinander drücken, die Ravioli auf ein bemehltes Tuch betten und kurz antrocknen lassen.

Etwa 3 Liter gesalzenes Wasser zum Kochen bringen, die Ravioli ins sprudelnde Wasser geben und nach dem Aufwallen 3–4 Minuten ziehen lassen. Währenddessen 75 g Butter zerlassen und 2 TL frisch gehackte Majoranblättchen einrühren. Die Ravioli entnehmen, abtropfen lassen, auf heiße Teller geben, mit der Majoranbutter überziehen und mit frisch geriebenem Parmesan servieren.

Risotto con asparagi

Risotto mit Spargel

600 g grüner Spargel,
100 g frisch geriebener Parmesan,
250 g Risottoreis (Carnaroli),
1/8 l trockener Weißwein,
6 EL Olivenöl, 2 EL Butter, 1 Zwiebel,
Salz, Pfeffer aus der Mühle

Den Spargel waschen, die Enden großzügig wegschneiden, die Spitzen abschneiden und beiseite stellen. Die restlichen Stangen in ca. 2–3 cm große Stücke schneiden, in 1 Liter Salzwasser ca. 25 Minuten kochen, herausnehmen und pürieren. Das Spargelpüree in das Garwasser zurückgeben.

In einem breiten Topf das Olivenöl erhitzen, die fein gehackte Zwiebel darin andünsten, den Reis einstreuen und unter Rühren glasig dünsten. Mit dem Weißwein löschen, dann nach und nach, wieder unter ständigem Rühren, drei Viertel der kochend heißen Spargelbrühe angießen und den Reis ausquellen lassen.

Die Butter in einer Kasserolle zerlassen, die Spargelspitzen kurz darin anbraten und beides zusammen mit dem Parmesan unter den Risotto rühren. Salzen und pfeffern.

Risotto alla milanese

Risotto nach Mailänder Art

100 g Butter, 50 g Rindermark,
1 Zwiebel, fein gehackt,
400 g Risottoreis (Carnaroli),
ca. 1 ½ l Rindfleischbrühe,
2 kräftige Prisen Safran,
120 g frisch geriebener Parmesan

Das Rindermark und die Hälfte der Butter in einem großen Topf zerlassen und die Zwiebel darin glasig dünsten, ohne dass sie braun wird. Den Reis zugeben und unter Rühren mit dem Holzlöffel die Flüssigkeit von Fett und Zwiebeln aufsaugen lassen. Die Rinderbrühe zum Kochen bringen. Etwas von der kochend heißen Brühe angießen und unter Rühren einkochen lassen, erst dann wieder heiße Flüssigkeit zugeben.

Diesen Vorgang so lange wiederholen, bis der Reis fast gar ist. Den Safran in etwas warmer Brühe auflösen, unterrühren, salzen, den Rest der Butter und die Hälfte des Käses zugeben, durchmischen. Mit dem übrigen Parmesan servieren.

Nicht in Mailand, sondern in Neapel hat Verdi mit einem seiner wenigen Freunde dort, dem Baron Giovanni Genovesi, Risotto gekocht – wahrscheinlich für einen Junggesellenabend. Obwohl er in Neapel nicht glücklich war, blieb der Risotto alla milanese eine seiner Leibspeisen.

Vorhergehende Doppelseite: Trügerische Idylle. Der Palazzo Orlandi mit seinem romantischen Innenhof wurde für Verdi zum Palast des Leidens.

Eine Mondnacht, drei Stimmen steigen in den Nachthimmel auf und verschmelzen dort zu einer innigen Danksagung an den Meister: Das ist ein Sant'Agata, das sämtliche Wünsche erfüllt. Aber es ist nicht das Übliche. Und Verdi ist in einem Punkt doch rücksichtsvoll mit seinen Sängern: Wenn die Bäume die Blätter verlieren und die Tage in der Bassa jeden Charme, nötigt er nicht einmal diejenigen, die es dringend nötig hätten, zu weiteren Proben aufs Land. Mit Tamagno zum Beispiel ist er nach wochenlangem Pauken noch immer nicht zufrieden und würde ihn sich gerne noch einmal vorknöpfen. Aber da gibt es im winterlichen Sant' Agata ein Problem: „Wenn die Jahreszeit weniger fortgeschritten wäre", schreibt er Ricordi, „könnte ich ihn bitten, hierher nach Sant'Agata zu kommen! Aber wie würde er jetzt seinen ganzen Tag verbringen? Ich könnte ihn nicht den ganzen Tag singen lassen, und nach ein paar Stunden des Studiums müsste ich mich noch in irgendeiner Weise seiner annehmen, mit Plaudern, Billardspielen, Spazierengehen oder Hinundherlaufen. Lauter Dinge, die mich sehr, sehr ermüden würden; und ich habe es in diesem Moment wirklich nicht nötig, mich noch mehr zu ermüden! Es wäre mir unmöglich!"

Verräterische Lücke: Verdi mit Freunden und Familie auf Sant'Agata. Neben ihm sitzt seine geliebte Schwägerin Barberina, die Schwester von Giuseppina. Die selbst aber fehlt. Dafür steht wuchtig Teresa Stolz da (hinten links) und hat ein Auge auf den Meister.

Ein alter, noch immer überwältigender Mann, müde, aber nicht zu müde, um streng zu sein: So erleben ihn die Gäste auf Sant'Agata. Verdi selbst erlebt sich nicht als streng, im Gegenteil: Mit 76 schreibt er an Ricordi zum Erfolg seines *Otello*, den er auf Sant'Agata so gnadenlos durchexerziert hatte mit seinen Solisten und seinem Dirigenten: „Und das Schlimmste ist, dass ich unglückseligerweise überzeugt bin, dass die Wirkung ausblieb, weil aus dieser oder jener Ursache die Aufführung niemals so gut war oder die Wiedergabe nicht meinen Absichten entsprach. Nachher habe ich es bedauert und bedaure es noch, dass ich im Prinzip nicht strenger gewesen bin. [...] Einmal im Leben wollte ich den strengen Mann hervorkehren, aber es ist mir nicht gelungen [...]. Ich werde es nie wieder versuchen."

Es fragt sich, was diesen Gastgeber Verdi so gewinnend macht, wo er ständig mit Dienstboten schimpft, an der Intonation und Interpretation seiner Sänger herummäkelt, so gut wie nie entspannt vor sich hinmusiziert und oft jammert über die Schmerzen, die ihm sein Gelenkrheumatismus beschert.

Es ist nicht nur seine Geradlinigkeit, der die Schnörkel des höflichen Getues ebenso fremd sind wie übertriebener Aufwand. Es ist auch sein Humor. Obwohl Verdis steile Stirnfalten, die herben Nasolabialfalten, dieses Lächeln mit den Mundwinkeln nach unten nichts davon vermuten lassen. Aber der Humor allein ist es, der Verdi imprägniert gegen beißende Kritiken, scharfe Angriffe und bittere Niederlagen. Aber auch gegen jede Überheblichkeit und Einbildung.

Bescheidene Verwöhnung: Eines der Gästezimmer auf Sant'Agata, in dem gefeierte Sänger und Salondamen, Dirigenten und Dichter übernachtet haben.

Am 16. August 1893, nach dem überwältigenden Erfolg des *Falstaff*, schreibt er an Mascheroni: „Auch das wäre geschafft, sagte der Kerl, der seinen Vater ermordet hatte!! Wir haben niemand ermordet; vielmehr haben wir dem guten Publikum ein bisschen das Fell über die Ohren gezogen; aber solange es sich darüber nicht beschwert, ist's nicht so schlimm!"

Sein Humor hilft ihm hinweg über den Schmerz der Vereinsamung, dem jeder Mensch ausgesetzt ist, der sehr alt wird. „Grüßen Sie alle auf der Bühne, die nach mir fragen sollten!" schreibt der 80-Jährige an Mascheroni. „Vielleicht werden Sie niemanden zu grüßen haben."

Verdi besitzt auch im hohen Alter noch das, was die Basis des Humors ist: Abstand zu sich selbst. Giulio Ricordi erklärt er, bevor er sich zum *Otello* überreden lässt, schriftlich, warum er keine Lust habe, noch eine Oper zu komponieren. „Ich sagte Euch in Genua, dass ich nutzlose Dinge verabscheue. Heute gibt es im Theater nichts Nutzloseres als meine Opern."

Und der 85-Jährige fleht Boito an, er möge die Aufführung seiner *Quatro pezzi sacri* in der Scala verhindern. „Lasst diese armen Stücke in Frieden. Warum, werdet Ihr sagen. 1. Weil ich nicht an die Wirkung dieser Stücke in der Scala glaube. […] 2. Weil mein Name zu alt und zu langweilig ist! Es langweilt auch mich, meinen Namen nur zu nennen!"

Auch seinen gerne verklärten Berufsstand betrachtet er mit Humor. „Etwas weniger Komponisten, Advokaten, Ärzte und so weiter und etwas mehr Landwirte: Das wäre mein Wunsch für meine Heimat."

Er will nie etwas Besonderes sein – das macht ihn so besonders. Verdi rettet sich selbst immer wieder durch seine Selbstironie vor der Verbitterung und Verbiesterung. Und findet sich amüsiert damit ab, dass die konservativen Stilrichter seiner Branche seine Musik geradezu primitiv finden. Da hat er in der *Aida* probeweise einen typischen Verdi-Chor ersetzt durch einen, der im Stil von Palestrina als vierstimmige Fuge gearbeitet war. „Ich hätte", freut er sich, „beinahe ein Bravo von den Perücken verdient, hätte hoffen dürfen, eine Stelle als Kontrapunktlehrer an irgendeinem Konservatorium zu bekommen. [...] Aber dann drückte mich mein Gewissen wegen dieses Arbeitens à la Palestrina, wegen der Harmonik, wegen der ägyptischen Musik!" Also strich er den Chor wieder heraus und erklärt Ricordi vergnügt: „Nun, es ist nun mal mein Schicksal! Ich werde es in der Musik nie zum Wissenschaftsmenschen bringen – für immer ein Pfuscher bleiben." Gerade in Zusammenhang mit dem belesenen, verfeinerten und sehr intellektuellen Boito betont Verdi, dass er das Gegenteil sei. „Du weißt", sagt er, „dass ich in musikalischen Fragen ein Esel bin und das, was die Gelehrten ‚klassisch' nennen, überhaupt nicht verstehe." Mit Selbstironie reagiert Verdi auch dann, wenn ihn etwas kränkt. Er ist ziemlich beleidigt, als er ausgerechnet in der *Gazetta Musicale*, der Hauszeitung seines Verlegers Ricordi, einen Buchabdruck von Dupré liest, worin Rossini zitiert wird – der von Verdi so verehrte Altmeister. Und zwar mit dem Ausspruch, Verdi könne niemals eine Opera buffa, eine komische Oper, schreiben. Verdi wittert dahinter sofort unlautere Absichten von Ricordi. Das könne, mutmaßt er, doch „keinen anderen Sinn haben als den, mir zu sagen: Maestro, schreiben Sie ja keine komische Oper!" Vielleicht trifft ihn das Ganze deswegen besonders, weil er zu dieser Zeit gerade damit liebäugelt – auch wenn der *Falstaff* erst vierzehn Jahre später auf die Bühne kommt. Doch er reagiert mit einem schiefen Grinsen: „Aber seien Sie unbesorgt! Sollte mich zufällig, versehentlich, unglücklicherweise [...] mein böser Genius trotzdem noch dahin bringen, dass ich diese Buffo-Oper

Gazetta Musicale

Italienische Musik: Die Macht und Bedeutung des Ricordi-Verlags war früher unübersehbar – er war in einem Flügel der Scala untergebracht (oben).

schreibe, noch einmal – seien Sie unbesorgt! Ich werde damit einen anderen Verleger zugrunde richten!"

Noch als alter Mann liebt er es, sich lustig zu machen über seine eigene Ungeschicklichkeit. Und über das, was die Etikette so alles vorschreibt. „Lachen Sie nicht – es ist Gefahr, dass ich mich umbringe!" schreibt er mit 80 an Mascheroni. „Hören Sie, erstarren Sie zu Stein! Ich wollte einmal in meinem Leben lieb sein, und das ist mir nicht gelungen! Ich habe dem Eigentümer des Hotel Quirinal ein Bild geschickt und adressiert: Herrn Bruni, Eigentümer des Hotel Quirinal usw. Als Boito gestern nach Mailand reiste, schrie er mit einer Stimme in Fis: ‚Bruni ist gar nicht der Eigentümer des Quirinal!' Ahhhh! Wer sonst? Er konnte es mir nicht sagen. In meiner Wut nahm ich einen Revolver (er war aus Schokolade) und habe ihn mir in den Mund hineingefeuert!"

Nur wer weiß, wie humorvoll, selbstironisch und absolut uneingebildet Verdi ist, kommt mit seinem Spott zurecht. Und der trifft gerade die engsten Freunde, die Stammgäste sind auf Sant'Agata. Als Piave ihm gesteht, er sei entflammt, antwortet Verdi: „Ich platze vor Lachen. – Du bist verliebt. [...] In wen denn. [...] Sag's mir, sag's mir [...], und ich will Dich kurieren. [...] Armer Teufel. [...] Mein Gott, wie schön, Piave verliebt zu sehen. [...] Mit dem Bauch. [...] Ich will so lange über Dich lachen, bis Dir die Liebe vergangen sein wird."

Anderen geht es nicht besser. Aber sie tragen Verdis Lästereien wie Ehrenabzeichen. Denn es ist ein Zeichen seines Vertrauens, das er so zögerlich hergibt wie private Darlehen. Aber viele, nicht nur die Freunde, wissen, dass Verdi trotzdem überall hilft, wo er es für sinnvoll hält – und dann mit aller Energie. Für seinen Schüler und Freund Emanuele Muzio schreibt er ebenso leidenschaftliche Empfehlungsbriefe wie für begabte Sänger oder Dirigenten. Und wenn er einem zu einer guten Stellung verholfen hat, nimmt Verdi denjenigen wieder in die Pflicht. Bei Giuseppe Gallignani, der dank Verdis und Boitos Unterstützung Direktor am Konservatorium in Parma und später am Mailänder Konservatorium geworden war und oft Gast auf Sant'Agata, wirft er sich ins Zeug für den Sohn seines Kutschers. Mit 81 noch ist Verdi so engagiert für den begabten jungen Veroni, dass er nicht

Französische Sprache: Verdi beherrschte sie bei weitem nicht so gut wie die weltgewandte Giuseppina, aber er hatte auch im Französischen einen humorvoll-ironischen Briefstil. Und verzichtete noch als 82-Jähriger nicht auf seine kunstvolle Unterschrift.

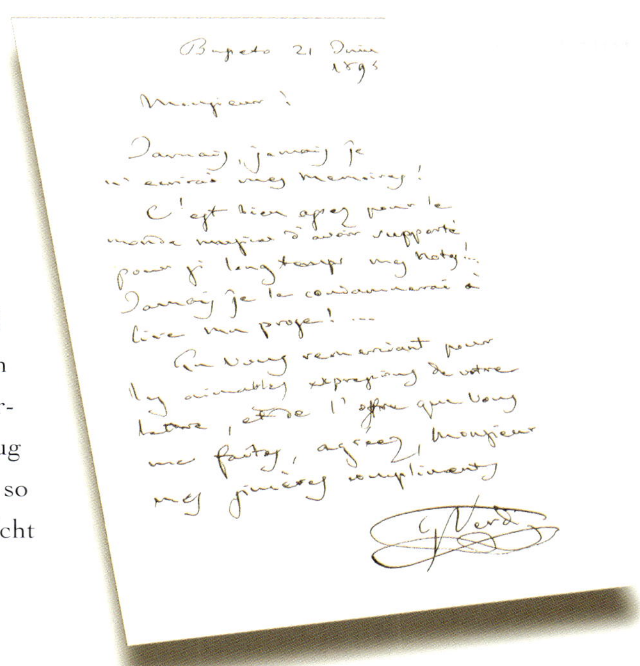
Busseto 21 Juin 1895

Monsieur!

Jamais, jamais je n'écrirai mes Mémoires!

C'est bien assez pour le monde musical d'avoir supporté pour si longtemps mes notes!... Jamais je le condamnerai à lire ma prose!...

En vous remerciant pour les aimables expressions de votre lettre, et de l'offre que vous me faites, agréez, Monsieur mes sincères compliments

G Verdi

locker lässt, als es heißt, sein Schützling habe sich zu spät beworben. „Ich komme", schreibt er, „auf die Sache zurück und wiederhole die Empfehlung vom vorigen Jahr. [...] Bitte beschwören Sie, knien Sie in meinem Namen vor den Behörden!"

Verdi hilft denen, die er dessen für wert hält, aber auch aus Seelennöten. Nicht nur in Briefen, vor allem auf Sant'Agata tröstet er geschiedene Frauen und verlassene Liebhaber, baut befreundete Dichter nach Niederschlägen wieder auf und setzt geschätzte Sänger nach Verrissen wieder zusammen. Er lässt hier jeden in Frieden, weil er selbst in Frieden gelassen werden will.

Fragt sich nur: Wie können die Freunde sich bei ihm revanchieren?

Botendienste: Den Dirigenten Angelo Mariani bat Verdi wie andere Freunde auch oft, für ihn private Dinge in Mailand zu erledigen. Nachdem sich Marianis Braut Teresa in Verdi verliebt hatte, war es aus mit der Freundschaft.

Auf große Geschenke ist Verdi nicht scharf, und all diese Kronen und Ringe, dieser Juwelierslorbeer, der ihm verliehen wird, ist ihm ohnehin nur peinlich. Ein schöne Flinte freut ihn, wie Angelo Mariani, sein liebster Jagdgenosse, sie ihm schenkt, auch wenn er eigentlich mehr seiner Hunde wegen durch den Wald pirscht und ab und zu in die Luft ballert, um ein paar Tierchen aufzuscheuchen, die seiner kleinen Meute dann Jagdfieber in die Knochen jagen. Ihn selbst packt das nur, wenn Saison ist für das Wasserwild, das sich in den Sümpfen und Gehölzen am Po herumtreibt. Denn ein gebratener Fasan schmeckt ihm besonders gut, wenn er ihn selbst erlegt hat. Auch ein netter Spazierstock gefällt Verdi, vor allem dann, wenn der Griff die sinnlichen Gelüste seiner großen, breiten, sonnengebräunten Hände befriedigt. Ein erotisches Frauenfigürchen aus Elfenbein, das den Knauf eines Stocks bildet, den noch heute das Museum der Mailänder Scala zeigt, ist so abgegriffen, dass jeder ahnt, wie sehr Verdi diesen Handschmeichler liebte. Aber die Freunde können sich ebenso gut erkenntlich zeigen, ohne Geld auszugeben. Dadurch, zum Beispiel, dass sie ihm Botendienste und Erledigungen in Mailand abnehmen. Um solche kleinen Dienstleistungen bittet Verdi die Freunde gerne. Mal soll beim Mailänder Waffenhändler ein Jagdgewehr umgetauscht werden, mal sollen Magnolien für den Garten mitgebracht werden oder eine Uhr zum Uhrmacher expediert. Und diese Bitten sind bei Verdi detailgenaue Instruktionen. Nie vergäße er zu erwähnen, dass die Magnolien in viel Stroh verpackt erst am Tag der Abreise abgeholt werden dürfen, damit sie heil in Sant'Agata landen. Und er scheut sich auch nicht, an seine

Wünsche nachdrücklich zu erinnern. „Ich hoffe", schreibt er am 15. September 1893 an Boito, „dass Ihr heil und ganz in Mailand angekommen seid; dass Ihr jetzt ausgeruht von den tollen Freuden Sant'Agatas seid; dass Ihr Giulio die schöne Überraschung mitgebracht habt; und dass Ihr meine Uhr zum Uhrmacher gegeben habt [...], woran mir außerordentlich viel liegt." Brav vermeldet Boito umgehend, er habe das kostbare Stück zu Signor Milan von der berühmten Brera-Sternwarte gebracht. Und er werde es in den ersten Oktobertagen persönlich nach Sant'Agata zurücktransportieren.

Folgende Doppelseite: Die allgegenwärtige Peppina wird postum überall gewürdigt – hier eine Gipsbüste auf dem Flügel im Palazzo Orlandi.

Verdi vertraut seine kleinen Kostbarkeiten und seine Geheimnisse nur wenigen an. Denn seine Seele ist treu und verletzbar – Eigenschaften, die meistens zusammen auftreten. Er liebt die Einsamkeit, aber er braucht die Zweisamkeit, um nicht zu versinken in seiner Melancholie. In seinem Schlaf- und Arbeits-Zimmer steht kein Doppelbett, nur ein schweres, dunkles von einem majestätischen Baldachin zum Altar stilisiertes Möbel, in dem nur einer gemütlich schlafen kann. Für ein Liebespaar wäre es trotzdem, zumindest für die nötige Zeit, groß genug. Aber was da an der Wand hängt, lässt nicht an Erotisches denken: ein mittelmäßiges Gemälde aus der Bologneser Schule, das den vor Schmerz und Reue weinenden heiligen Petrus zeigt. Doch der aufmerksame Beobachter entdeckt noch etwas unter dem Stoffhimmel: einen Klingelzug, vom Bett aus bequem zu bedienen. Die zugehörige Klingel befindet sich nicht etwa in der Küche oder in einem Dienstbotenzimmer, sondern direkt nebenan, im Schlafzimmer von Peppina. Bekannt als Giuseppina Strepponi, verheiratete Verdi.

Liebesdienste: Ein Zug an der Klingelschnur vom Bett aus genügte, und Giuseppina kam ins Schlaf- und Arbeitszimmer von Giuseppe. Ihres lag direkt nebenan.

Und er hat keine Hemmungen, sie aus dem Schlaf zu reißen, wenn es ihn überkommt – wenn ihn eine musikalische Eingebung überfällt. „Hör zu – wie findest du das?" Ist das eine geniale Melodie oder nicht, will er dann wissen. Und seine Frau versteht viel von der Sache. Es hat eine Zeit gegeben, da war sie berühmter als Verdi. Da lag ihr das Publikum in der Scala zu Füßen, da wurde sie angebetet. Denn ihre Stimme galt als eine der schönsten der Welt.

G. VERDI
RIGOLETTO
PIANOFORTE SOLO

Frau seines Lebens: Giuseppina Strepponi teilte mit Verdi jahrzehntelang alle Freuden und Leiden. Und seine Lust an der Gastfreundschaft auf Sant' Agata Peppina belebte das Haus durch ihren Charme und ihren Geist.

Die Gastgeberin

Eine Diva zwischen Hühnern, Feinden und Besuchern

Wer zu Gast ist auf Sant'Agata wundert sich also nicht, wenn schon von Ferne Geträller zu hören ist. Verdi-Arien, natürlich, aber manchmal auch Cimarosa. Allerdings klingt es nicht gerade nach einer Diva, nicht einmal nach einer gewesenen. Denn der Sänger heißt Lorito und ist Peppinas Papagei. Giuseppina singt schon lange nicht mehr. Jahrzehnte ist es her, dass sie von der Bühne abgetreten ist. Denn als Verdis Stern aufstieg, sank ihrer bereits. Angehimmelt hatte Verdi sie damals schon lange, die elegante, schlanke Schönheit mit dem straff zurückgebundenen Haar, dem ebenmäßigen Gesicht und den großen, nachdenklichen Augen. Aber sie war unerreichbar: Immer war an ihrer Seite ein Mann, der Macht und Geld hatte. Schließlich war sie eine Diva, und so eine braucht das offenbar, hatte Verdi sich wohl getröstet. Merelli, ihr Liebhaber, war ein wichtiger und einflussreicher Impresario, der sich eine Frau wie die Strepponi leisten konnte, diese leuchtende Bühnenerscheinung. So sah es jedenfalls aus.

Die Strepponi galt damals als Erfolgsgarantin, und Verdi versuchte lange vergeblich, einer Uraufführung seiner Opern durch ihren Auftritt den nötigen Glanz zu verleihen. Endlich klappte es: Die Strepponi war die erste Abi-gaille in *Nabucco*. Und als Verdi nach dem Triumph dieses Werks sich endlich in sie zu verlieben wagte – freilich ohne deutlich zu werden –, da stand sie bereits am Ende ihrer Sängerlaufbahn. Und am Ende ihrer Lebenslust: eine tief verwundete und restlos ausgebeutete Frau.

Dabei hatte alles gut angefangen. Ihr Vater, Feliciano Strepponi, war als Komponist und Kapellmeister bekannt, gab ihr Klavierunterricht und Gesangsstunden, eine solide Basis für eine große Karriere. Keiner wunderte sich, dass Giuseppina die Aufnahmeprüfung am Mailänder Konservatorium mit Bravour bestand. Als sie mit ihren 17 Jahren gerade mitten in der Ausbildung steckte, passierte es: Der Vater starb. Zwei Jahre später beendete sie ihr Studium und sang, was das Zeug hielt. Nicht aus falschem Ehrgeiz, nur aus nackter Notwendigkeit: Sie musste ihre Familie finanzieren, die vier Geschwister und die Mutter. Und Giuseppina schaffte den Aufstieg zum Star makellos und mühelos: Donizetti schrieb ihr die Adelia auf die Stimmbänder, durch ihre strahlenden Auftritte in seinem *Liebestrank* und seiner *Lucia di Lammermoor*, aber auch in Bellinis *La sonnambula* wurde sie zu einer der größten Sopranistinnen ihrer Zeit. Eineinhalb Jahre war Verdi schon Witwer, als er der Strepponi zum ersten Mal gegenüberstand, doch niemals hätte er sich an sie herangetraut, fühlte er sich doch immer noch als der unbeholfene Mann aus der Provinz. Dann aber kam *Nabucco*, und alles änderte sich. Bei der Uraufführung war Verdi 31, sie 29 – eine glänzende Erscheinung, doch der Glanz ihrer Stimme war schon erloschen. Sie hatte zu viele hochdramatische Rollen angenommen, die ihre Stimme überforderten und strapazierten, auch die Abigaille überstieg ihre Leistungskraft. Sie wusste das, Verdi hörte das, aber tröstete sie hinweg über ihre Selbstzweifel – vielleicht war das eine Art der Liebeserklärung. Sie war dann noch an kleineren Bühnen in den Verdi-Opern *I lombardi alla prima crociata* und *Ernani* aufgetreten – und dann ganz schnell und leise für immer abgetreten.

Mit 31 beschloss sie, nach Paris zu ziehen. Nur noch hinter den Kulissen aufzutreten als Gesangslehrerin und Mailand, Italien, den Abstieg und die Enttäuschungen ein für allemal hinter sich zu lassen. Und da gab der schüchterne Mann aus Le Roncole seine Reserve auf. Schrieb Giuseppina einen Brief, der das größte private Mysterium in ihrem Leben wurde: Niemand außer den beiden erfuhr jemals, was darin stand. Ahnen können wir es – durch Giuseppinas Testament. Legt mir diesen Brief aufs Herz, wenn ihr mich zu Grabe tragt, war ihr Wunsch.

Was die beiden teilen, ist nicht nur die musikalische Leidenschaft, es ist vor allem eine tiefe innere Traurigkeit. Verdi fühlt sich verstanden von Giuseppina: Wie er hat sie Tragödien hinter sich. Aber während Verdi immerhin Mitleid erntete, weil es sich um eine bürgerliche Tragödie handelt, kassierte sie nur Häme, Spott und Verachtung. Denn ihre Tragödie war nicht gesellschaftsfähig. Und sie selbst, trotz allen Ruhms, ebenso wenig. Drei uneheliche Kinder hatte sie mit 27 schon geboren. Wie später bei den Frauen, die in Hollywood Karriere machen wollten, ging damals der Weg nach oben für eine Sängerin, trotz aller Begabung, nur durch das Bett der Mächtigen. Impresario zu sein sicherte die sexuelle Gratisversorgung. Alessandro Lanari hieß der Impresario, der einer hochtalentierten 19-Jährigen namens Giuseppina Strepponi die ersten großen Rollen verschaffte und sich selbst damit das Recht, über den jungen, schönen Körper zu verfügen. Ein Impresario kann auch geben: Schon ein Jahr später trat Lanari die vielversprechende Sängerin an seinen Kollegen, den Impresario Merelli, ab. Der bezahlte für die Liebesdienste der Sängerin mit einem Vermittlungsdienst: Er brachte Giuseppina ans Opernhaus in Wien. Nach einer schlimmen Fehlgeburt bekam sie mit 23 ein Kind von Merelli, den Sohn Camillo. Aber der Vater war nicht stolz, sondern ziemlich verärgert: Schließlich war er verheiratet und dachte nicht daran, sich scheiden zu lassen. Giuseppina aber konnte sich nicht ganztags um einen Säugling kümmern, denn sie musste Geld verdienen für die Sippe daheim. Also gab sie Camillo in eine so genannte Pflegestelle. Und träumte heimlich von der großen, wahren, unverbrüchlichen Liebe und einer Familie. In Bologna schien der Traum in Erfüllung zu gehen; dort lernte sie den „Tenor des

Glück mit dem Komponisten: Bei Verdi fand Giuseppina endlich die Ruhe und Verlässlichkeit, nach denen sie sich ein Leben lang gesehnt hatte. Trotzem gab es Tage, Wochen, wo sie sich heimlich ausweinte in ihrem Schlafzimmer in Sant'Agata.

Unglück mit dem Tenor: Napoleone Moriani wurde von den Frauen umschwärmt. Giuseppina wurde seine Geliebte – und eines seiner vielen Opfer. Denn er führte ein fröhliches Doppelleben.

schönen Todes" kennen, den umschwärmten Napoleone Moriani, der wirkungsvoller im Dreivierteltakt starb als jeder andere. Giuseppina teilt mit ihm das Bett und die Bühne. Gemeinsam feiern sie rauschende Erfolge in Florenz und in Rom, an der Mailänder Scala und am Teatro La Fenice in Venedig. Mit 24 gebar Giuseppina eine Giuseppa. Aber auch Moriani war ein braver Ehemann und dachte nicht daran, seine Gattin zu verlassen. Er adoptierte die Tochter, tat, als wäre sie sein eheliches Kind und Giuseppina nicht daran beteiligt. Da hatte Giuseppina genug, verließ einem besseren Leben zuliebe den Sänger des schönen Todes, nahm ohne ihn ein neues Engagement an – und tappte ein zweites Mal in dieselbe Falle. Der ehemalige Liebhaber Larani verkaufte zwar keine drei Tenöre, aber immerhin zwei umjubelte Publikumslieblinge, die als Liebespaar einfach noch besser ankamen: Moriani und Strepponi. Das Ergebnis der aus geschäftlichen Gründen neu entfachten Leidenschaft hieß wie die Rolle, mit der die Mutter berühmt geworden war: Adelina. Ein Kind zweier Stars, das eine Traumkarriere vor sich haben sollte – und als Kleinkind starb. Giuseppina war am Ende. Sie brach seelisch und nervlich zusammen. Und das schlug sich nieder auf die Stimme. Sie war noch immer umschwärmt, aber einsam, sie war begehrt, aber verzweifelt. Ihren Sohn Camillo, der in ein Internat in Florenz gesteckt worden war, durfte die Mutter nur ganz selten sehen: Der Vater, der ihn adoptiert hatte, verbot es, dass sie das Kind zu sich nahm – und bekam Recht. Über dem Leben der begnadeten Giuseppina Strepponi schien ein böser Stern zu stehen. Drei Kinder hatte sie geboren, zwei lebten, keines durfte sie umarmen. Zwei Männer hatten sie geschwängert, keiner war ihr Mann, keiner hielt zu ihr. Ihren Glauben an die Männer hatte sie verloren, ihren Glauben daran, von irgendeinem noch gut behandelt zu werden, erst recht.

Und da kommt dieser schwermütige und gesellschaftsscheue Tonsetzer daher, den sie ihren *mago* nennt, ihren Zauberer. Aber die Bezauberung braucht Zeit und Gelegenheit. In Paris, das Verdi nur liebt, weil man „dort tun kann, was man will", tut er genau das und Peppina auch. Und dann beginnt dieser wunderschöne Sommer. Und eine wunderschöne Liebesgeschichte, der Traum jedes Klatschkolumnisten: Starkomponist Giuseppe Verdi, verliebt in die Ex-Diva Giuseppina Strepponi, sie verliebt in Verdi, reisen zusammen in seine Heimat. Nein, keine Brautschau bei den Eltern in Le Roncole, sondern Baustellenbesichtigung. Verdi hat sich ganz in der Nähe das recht heruntergekommene Anwesen Sant'Agata gekauft, in dem er seine Zukunft sieht – eine Zukunft mit Peppina. Aber es muss noch ausgebaut und umgebaut werden. Das Liebespaar wohnt währenddessen an der vornehmsten Adresse von Busseto: im Palazzo Orlandi.

Schauplatz übler Beschimpfungen: Dass Verdi, der berühmte Sohn der Stadt, hier im Palazzo Orlandi mit einer Frau in wilder Ehe lebte, die anderen Liebhabern drei uneheliche Kinder geboren hatte, ließ die Bussetaner ausfällig und gewalttätig werden.

Der Palast, den der Gastwirtssohn aus kleinsten Verhältnissen sich geleistet hat, steht in derselben Straße wie das Haus seines reichen Schwiegervaters Barezzi, keine hundert Meter weiter. Und dieser Palast sagt: „Ich habe es geschafft." Verdi fühlt sich sicher, abgesichert durch seinen Erfolg. Bis er neben Peppina nachts aus dem Bett geschreckt wird. Glas splittert, es kracht und scheppert. Gebrüll, Gezeter, Gejohle. „Die Dirne muss weg", kreischen die Leute. Nur tief verschleiert traut sich Peppina im Morgengrauen in die Frühmesse zu gehen. Der Klatsch wird täglich schärfer, die gelangweilten Provinzler wetzen ihre Zungen an dem, was im „Palazzo del Scandalo" geschieht. Und das Schlimmste: Keiner hält mehr zu dem geliebten, bewunderten Sohn, den Busseto so begierig übernommen hat vom namenlosen Le Roncole. Das Schlimmste für Verdi: Sein Wahlvater schlägt sich auf die Seite der erbitterten Moralisten; Barezzi schreibt Verdi einen Brief – einen Brief, der ihn dazu bringen soll, Peppina mit großer Geste zu verschmähen und zu verstoßen. Und Barezzi hat mit diesem Vorschlag gute Chancen durchzukommen: Er ist einer der beliebtesten Honoratioren am Ort, und Verdi weiß sich tief in seiner Schuld. Aber der Alte hat eines unterschätzt: Verdis Liebe zu Peppina. Die Antwort Verdis ist kein Kniefall, sie ist eine Kampfansage an Barezzi, an Busseto, an die Spießer und die selbst ernannten Richter. „Ich habe nichts zu verbergen. In meinem Haus lebt eine freie, unabhängige Dame, die wie ich die Einsamkeit liebt und ein Vermögen besitzt, das sie vor jeder Notlage schützt. […] Ich will sogar sagen, dass sie in meinem Haus den gleichen und noch größeren Respekt finden muss als ich und dass es niemand daran fehlen lassen darf, mit welcher Ausrede auch immer; und dass sie schließlich darauf jeden Anspruch hat, sowohl wegen ihrer Haltung als auch wegen ihrer Gesinnung und wegen ihres besonderen

Entgegenkommens allen gegenüber. Weder ich noch sie sind über unser Tun irgendjemand Rechenschaft schuldig." Barezzi hat es mühsam einsehen müssen: Dieser Verdi passt sich nichts und niemandem an. Er macht die Musik, die er machen muss, wider alle Konvention. Er lebt mit einer Frau, die von verschiedenen Männern drei uneheliche Kinder bekommen hat und dabei kinderlos bleibt, wider alle Konvention.

„Macht das, was die anderen noch nicht gemacht haben", ermuntert Verdi die jungen Komponisten. Er hält sich an diesen Leitspruch auch in seinem privaten Dasein. Niemals ist jemand wie er als Gutsherr im schwarzen Anzug mit einem Zweispänner durch die Gegend gefahren, und auf dem Nebensitz sitzt ein praller, glänzender Hahn. Nie hat ein katholisch getaufter und erzogener, zu Ruhm und Reichtum gelangter Mann aus dem Kreis Busseto in der romantischen Abgeschiedenheit eines savoyischen Dorfs mit 46 eine 44-Jährige geheiratet; dass Verdi erst am 29. August 1859 seine Giuseppina ehelicht – in Collonge-sous-Salève, wo die kirchliche Trauung auch als standesamtliche gilt –, hat nichts mit mangelnder Liebe zu tun, sondern mit Widerstand gegen den Druck der Moralisten. Die beiden wissen, dass Giuseppe zu Giuseppina gehört, und andere brauchen das nicht zu wissen.
(Fortsetzung auf Seite 146)

Schauplatz bedrückter Mahlzeiten: Im Esszimmer des Palastes kam selten unbeschwerte Stimmung auf, denn Giuseppe und Giuseppina litten unter der Anfeindung. Dass gerade das Verdi-Museum in diesem Haus viele höchst fragwürdige Erinnerungsstücke zeigt, macht es heute in anderem Sinn ominös.

Secondi Piatti

Hauptgerichte

Costolette alla milanese

Mailänder Koteletts

4 große Kalbskoteletts mit dem Knochen,
von Fett und Haut befreit,
2 Eier, 200 g frisch geriebenes Weißbrot
(keine fertigen Semmelbrösel),
200 g Butter, 1 Zitrone

Die Koteletts am Knochen entlang mit scharfem Messer leicht einritzen, damit sie sich beim Braten nicht wölben. Die Brotkrumen auf einem Papier ausbreiten. Die Eier mit dem Salz verschlagen, die Schnitzel auf beiden Seiten durchs Ei ziehen und dann auf die Brotkrumen legen, von beiden Seiten panieren und die Panade mit der Hand andrücken. Die Butter in einer Deckelpfanne erhitzen, die Koteletts beidseitig 5 Minuten anbraten. Bei aufgesetztem Deckel noch 10 Minuten schmoren lassen und mit je einem Zitronenviertel servieren.

Die Wiener behaupten, dabei handle es sich um ein Plagiat ihres Wiener Schnitzels, die Mailänder sind überzeugt, sie seien die Erfinder – und haben dafür sogar Beweise, die auch noch im Wiener Staatsarchiv liegen: Dort befindet sich eine Mitteilung des durch den Marsch allseits bekannten Feldmarschalls Radetzky an die kaiserliche Regierung, in der es nicht um Politisches, sondern um Kulinarisches geht. Radetzky schwärmt von einer Mailänder Spezialität – einem Kotelett, das in Ei und Brotkrumen gewälzt und in Butter gebraten wird. Zurück in Wien, sorgte der Marschall dann wohl selbst für die Verbreitung des Rezepts.

Tournedos alla Verdi

Lendenschnitten nach Art von Verdi

Die Tournedos Rossini sind berühmter, aber auch entschieden schwerer und teurer als die Tournedos, die Verdis Namen tragen. Zu Recht, den er hat sie zusammen mit seiner Frau Giuseppina erfunden. Während in der Rossini-Version mit Gänsestopfleber und Trüffelscheiben geprotzt wird, begnügt sich Verdi mit Grieß, Tomaten und Parmesan. Und die Sauce wird nicht mit feinem Madeira zubereitet, sondern aus saftigen Zwiebeln.

Für die Tournedos:
6 Lendenschnitten von ca. 5 cm Dicke,
2 EL Butter, 2 EL Olivenöl, Küchengarn

Für die Grießmasse:
1 l Milch, 1/2 TL Salz, 1 Stückchen unbehandelte Zitronenschale,
250 g grober Grieß, Muskatnuss, 3 Eigelbe, 50 g Butter

Für den Belag:
2 kleine Zwiebeln, 4 Tomaten, 2 Knoblauchzehen, etwas Olivenöl

Für die Sauce:
200 g Zwiebeln, 80 g Butter,
1 Portion Béchamelsauce (siehe Seite 216),
2 EL dicke Sahne, etwas Weißwein

Zuerst die Zwiebelsauce zubereiten. Dazu die Zwiebeln in feine Scheiben schneiden und in 30 g Butter weich dünsten. Sie dürfen dabei aber keine Farbe annehmen. Die Béchamelsauce zugeben, 20 Minuten auf kleiner Flamme köcheln lassen, durchpürieren oder -passieren.

Die Milch mit dem Salz und dem Stückchen Zitronenschale zum Kochen bringen und den Grieß unter ständigem Rühren in dünnem Strahl in die Milch rieseln lassen. 15 Minuten lang weiterkochen und nicht zu rühren aufhören. Muskatnuss darüber reiben und darunter mischen und den Brei vom Herd nehmen. Nun die Eigelbe und die Butter darunter rühren. Zur Seite stellen.

Für den Belag die Zwiebeln schälen und fein hacken, im erhitzten Olivenöl anbraten. Den zerriebenen Knoblauch dazugeben und zusammen kurz weiterbraten. Die Tomaten überbrühen, enthäuten, entkernen, fein würfeln und dazugeben.

Nun die Lendenschnitten mit dem Handballen breit drücken und mit Küchengarn umwickeln, damit sie ihre runde Form behalten. In einer Mischung aus Butter und Olivenöl von jeder Seite ca. 4 Minuten braten. Die Tournedos aus der Pfanne nehmen, auf eine feuerfeste Platte setzen und mit der Spritztüte die Grießmasse als Ring aufspritzen. In die Mitte des Rings etwas von der Zwiebel-Tomaten-Masse geben, mit etwas Olivenöl beträufeln und kurz bei hoher Oberhitze im Backofen oder besser unter dem Salamander grillen.

Inzwischen die Sauce nochmals kurz aufkochen, die restliche Butter und Sahne dazugeben. Bei Bedarf mit Weißwein verdünnen, nochmals nachwürzen mit Salz und Pfeffer. Die Tournedos herausnehmen, auf vorgewärmte Teller setzen und um jede Portion etwas dünne Zwiebelsauce gießen.

Cotechino con lenticchie

Kochwurst mit Linsen

1 Cotechino-Wurst, 1 EL Zwiebel, fein gehackt,
2 EL Olivenöl, 2 EL Staudensellerie in Stückchen,
200 g Linsen, in kaltem Wasser gewaschen und abgetropft,
Salz, Pfeffer aus der Mühle

Hat der Cotechino eineinhalb Stunden gekocht, wird in einem Topf 1 Liter Wasser zum Kochen gebracht. Nebendran in einem zweiten Topf die gehackte Zwiebel im heißen Öl goldgelb bräunen, dann die Selleriestücke zugeben und ca. 2 Minuten mitgaren. Die Linsen zugeben und gut mit dem Gemüse vermischen. Etwas kochend heißes Wasser zugießen, so dass die Linsen bedeckt sind, die Temperatur reduzieren und das Ganze bei geschlossenem Deckel 35–40 Minuten garen, bis die Linsen weich sind; bei Bedarf zwischendurch etwas von dem Kochwasser des Cotechino zugießen.

Wenn die Linsen noch nicht ganz weich sind, mit der Flüssigkeitszugabe aufhören, denn das Wasser muss verkocht sein, wenn sie weich sind. Zur Not kann man überschüssige Flüssigkeit im offenen Topf bei großer Hitze verdampfen. Dann die Linsen salzen, pfeffern und auf eine vorgewärmte Schale geben. Den Cotechino in ca. 1 cm dicke Scheiben schneiden und darauf anrichten.

Dazu serviert man in Verdis Heimat Linsen – vor allem als erstes Mahl am Neujahrstag, weil das angeblich Glück bringt.

Cotica heißt in Italien die Schweineschwarte. Sie ist ein wichtiger Bestandteil der Schweinswurst. Deswegen nennt sich eine Spezialität der Emilia-Romagna, eine frische Schweinswurst, die ungefähr 20 cm lang und 7–8 cm dick ist, *Cotechino*. Aber in ihr sind nicht nur die Schwarten von Backe und Schnauze verwurstet, sondern auch Nacken- und Schulterfleisch; gewürzt wird sie mit Salz, Pfeffer, Nelken und Muskatnuss. Frischen, weichen und milden Cotechino bekommt man außerhalb der Emilia-Romagna nur schwer.

Polenta condita

Gewürzter Maisbrei

Für die Polenta:
300 g Polentagrieß (Maisgrieß),
1 1/2 l Gemüse- oder Fleisch- oder Geflügelbrühe,
1/2 l Milch, etwas Salz

Zum Fertigstellen:
120 g Butter in Flocken, 120 g frisch geriebener Parmesan

Als polentoni bespötteln die Italiener im Süden die Landsleute im Norden, weil sie so viel Polenta essen. Verdi, der selbst über große Maisfelder verfügt hat, nannte diesen Klassiker der Küche von Parma natürlich im einheimischen Dialekt poléntе cónsa.

Die gesamte leicht gesalzene Flüssigkeit in einem hohen Topf mit dickem Boden (keinesfalls in einem Emailtopf) erhitzen. Wenn sie zu kochen beginnt, ganz langsam den Maisgrieß hineinrieseln lassen und dabei ohne Unterlass mit einem Holzlöffel rühren. So genannte Schnellpolenta braucht nur wenige Minuten, die echte 40–45 Minuten. Sie ist fertig, wenn sie so dick ist, dass sie sich von der Topfwand löst.

Mit einem großen Löffel pro Person eine Portion Polenta auf einen Teller häufen, eine Mulde in die Mitte drücken, die Butterflocken hineingeben und das Ganze mit reichlich Parmesan bestreut heiß servieren.

Polenta lässt sich vielfach variieren. In der Emilia beliebt ist die *polenta condita con funghi (poléntа coj fónz)*, also mit geschmorten frischen Pilzen, aber sie wird auch gern als Beilage zu Cotechino oder anderen Würsten serviert, die mit Zwiebeln in Weißwein gedünstet werden, oder zu gebratenem Geflügel.

Polpettone dei preti

Hackbraten nach Priesterart

100 g grobes Bratwurstbrät, 300 g rohes Schweinefleisch, grob gehackt,
100 g Parmaschinken, sehr fein geschnitten und gehackt,
100 g Mortadella, sehr fein geschnitten und gehackt,
Salz, Pfeffer aus der Mühle, 1 Ei, 4–5 EL frisch geriebener Parmesan,
4 EL feine Semmelbrösel, 2 Zwiebeln, 2 Karotten,
2 kleine Stangen Bleichsellerie, 3 EL Butter, 1 ½ l Milch,
Gaze und Küchengarn oder 1 Schweinenetz (beim Metzger erhältlich)

Offenbar wurde den Pfarrköchinnen immer ein gutes Haushaltsgeld genehmigt, denn während andere Gerichte aus Hackfleisch Reste verwerten, wird hier mit erstklassigen frischen Zutaten gearbeitet.

Das Wurstbrät mit der Gabel zerrupfen und in eine große Schüssel geben. Das Schweinehack untermengen, dann Parmaschinken- und Mortadella-Hack zugeben und vorsichtig salzen und pfeffern. Zuerst das Ei, dann den Parmesan und die Semmelbrösel unterrühren und die ganze Masse von Hand zu einem gleichmäßigen Teig verarbeiten. Einen länglichen Laib daraus formen, der in Gaze eingeschlagen und mit dem Küchengarn umwickelt oder in ein Schweinenetz gesteckt wird, damit er beim Braten nicht zerfällt.

In einem Schmortopf die Butter erhitzen, Zwiebeln, Karotten und Sellerie-Würfelchen darin andünsten. Das Fleisch in einer Pfanne rundum scharf anbraten, dann in den Schmortopf legen und dort bei milder Hitze weiterschmoren. Etwas Milch zugießen, einkochen lassen und erst dann erneut Milch zugeben. Nach ca. zwei bis zweieinhalb Stunden ist der Braten weich. Aus dem Schmortopf heben, von Gaze und Küchengarn oder vom Schweinenetz befreien, in Scheiben schneiden, auf eine vorgewärmte Platte betten und mit Rosmarinkartoffeln (siehe Rezept Seite 63) servieren.

Spalla cotta

Gekochter Schweineschinken

Durch den Lebensmittelladen und die Osteria der Eltern kam Verdi schon als Kind mit Lebensmitteln in Berührung, und als er bei seinem Mäzen, dem Großhändler Barezzi, in Busseto wohnte und Geld verdiente, musste er sich mit ihnen beschäftigen. Angeblich ist Verdi als Halbwüchsiger auf die Idee gekommen, die *Spalla cruda*, den hier üblichen rohen Vorderschinken von der Schweineschulter, zu kochen und warm zu essen. Und zwar angeblich aus reiner Sparsamkeit: Ab und zu zeigte sich nämlich, dass diese Schinken durch Fehler in der Verarbeitung noch vor Ende ihrer Reifezeit zu verderben drohten. So konnte man sie retten.

Zu Verdis Zeit musste man selbst den Schinken pökeln und wässern – eine tagelange Prozedur – und dann noch stundenlang kochen. Heute verkauft jeder italienische Metzger diesen Schinken fertig, er muss nur noch ins heiße Wasser geworfen werden. Oder man kauft ihn bereits in Scheiben ein und brät diese in Olivenöl in der Pfanne – das schmeckt aber nur, wenn die Spalla sehr mild ist. Dazu gibt es Kartoffelbrei.

Bollito misto

Gemischter Fleischtopf

1 kg Rindfleisch zum Sieden (zum Beispiel Schulterspitze), ½ kg Kalbfleisch, am besten Kalbsnuss, 500 g Kalbskopf, 1 gesalzene Rinderzunge, 1 Suppenhuhn, 1 Zampone (gefüllter Schweinsfuß), 1 Cotechino (siehe Seite 126) oder 5 Luganighe (knoblauchgewürzte Kochsalami), 500 g Suppenknochen, 300 g Ochsenschwanz, 10–12 Markknochen vom Rind, 1 Lauchstange, 2 Karotten, 2 ungeschälte Zwiebeln, nach Belieben: 1 kleiner Wirsingkopf, Salz, Pfeffer aus der Mühle, Muskatnuss

Leicht gesalzenes Wasser (2 ½ Liter) aufkochen lassen und dann Fleisch und Gemüse zugeben: zuerst das Rindfleisch, etwa 15–20 Minuten danach das Kalbfleisch, dann die Suppenknochen und den Ochsenschwanz, kurz darauf die Gemüse. Die Markknochen vom Rind dürfen erst 5 Minuten vor dem Servieren in den Topf gegeben werden, denn sie sollen nicht kochen, nur kurz ziehen.

Separat gekocht werden Rinderzunge, Kalbskopf und Cotechino oder Luganighe, denn wenn diese mitgekocht werden, läuft zu viel Wurstfett in die Brühe. Die Rinderzunge benötigt ca. 1 Stunde, der Kalbskopf ebenfalls. Dazu gibt es *Salsa rossa calda* und *Salsa verde* (siehe Seite 216 und 219).

Al lesso nennt man rund um Parma diese Spezialität; in Restaurants gibt es spezielle Wagen, in denen der Bollito warm gehalten und an den Tisch gefahren wird, so dass der Gast sich dann seine individuelle Mischung zusammenstellen kann. Zu Verdis Zeit kam der Bollito untranchiert auf einer großen Platte oder einem Holzbrett auf den Tisch, wie das in Privathaushalten noch immer üblich ist.

Filetto di maiale brasato nel latte

In Milch geschmorter Schweinebraten

20 g Butter, 2 EL Pflanzenöl, 1,2 kg Schweinskarree, auch Kotelettstück genannt (der Metzger löst auf Wunsch das Fleisch vom Knochen und hackt den Rippenstrang in zwei, drei Teile), Salz, Pfeffer aus der Mühle, 3/4 l Vollmilch

Butter und Öl in einen nicht zu großen Schmortopf geben. Bei mittlerer Hitze erwärmen, bis die Butter nicht mehr schäumt. Das Fleisch mit der Fettseite nach unten hineinlegen und rundherum scharf anbraten (wer mag, gibt die Rippenstrangstücke mit in den Topf, das macht das Aroma der Sauce noch intensiver). Sollte die Butter dabei zu braun werden, Temperatur zurückschalten. Mit Salz und Pfeffer würzen, langsam 1/4 l Milch dazugießen und auf kleiner Flamme 30 Minuten köcheln lassen.

Den Deckel halb auflegen. Das Fleisch ca. 1 Stunde auf kleinster Stufe köcheln lassen und gelegentlich wenden. Wenn die Milch zu einer dunkelbraunen Sauce eingekocht ist, wieder 1/4 l Milch zugießen, 10 Minuten köcheln lassen, Deckel fest aufsetzen und 30 Minuten bei gelegentlichem Wenden sanft weitergaren. Zuletzt auf kleinster Flamme schmoren, portionsweise den Rest der Milch zugeben.

Wenn die gesamte Milch geronnen ist und sich das Fleisch beim Hineinstechen ganz weich anfühlt – nach ca. zweieinhalb bis drei Stunden Garzeit –, den Braten entnehmen und auf dem Schneidebrett ein paar Minuten ruhen lassen. Dann in Scheiben von ca. 1 cm Dicke schneiden, auf einer vorgewärmten Servierplatte anrichten; warm stellen. Das Fett von der Sauce abschöpfen (indem man den Topf schräg hält), die verbliebene Milch aufkochen, 3 EL Wasser zugeben, bei starker Hitze verkochen lassen und dabei die Rückstände von Topfwand und -boden lösen. Die Bratenscheiben mit der Sauce übergießen und sofort servieren.

Das Wunderbare an diesem Gericht: Ohne großes Zutun wird das Fleisch so zart und aromatisch wie Kalbfleisch und die Milch zu einer delikaten Sauce. Sollte die Milch ausflocken, einfach mit dem Pürierstab homogenisieren.

Costolette alla bolognese

Kalbsschnitzel nach Art von Bologna

2 Eier, Salz, Pfeffer aus der Mühle,
8 dünn geklopfte Kalbsschnitzel,
6 EL frisch geriebenes Weißbrot, 100 g Butter,
6 EL frisch geriebener Parmesan,
8 Scheiben roher Schinken, 1 Zitrone

Die Eier mit etwas Salz und Pfeffer verschlagen. Dann die Schnitzel zuerst im Ei, dann im Paniermehl wenden und die Brösel mit den Fingern gut andrücken. 50 g von der Butter erhitzen und die Schnitzel darin von beiden Seiten goldgelb braten. Sobald sie gebräunt sind, nebeneinander in eine feuerfeste Form setzen und 3 EL des geriebenen Parmesans darüber streuen. Auf jedes Schnitzel 1 Scheibe des rohen Schinkens legen, mit dem restlichen Parmesan bestreuen und in der zugedeckten Form im heißen Backofen schmelzen lassen. Vor dem Servieren oder bei Tisch nach Wunsch mit etwas Zitrone beträufeln.

Luxusversion: etwas frische weiße Trüffel darüber hobeln.

Costolette di maiale brasate con salvia e pomodoro alla modenese

Geschmorte Schweinekoteletts mit Salbei und Tomaten nach der Art von Modena

25 g Butter, 1 ½ EL Pflanzenöl, 4 Schweinekoteletts
aus dem Filetkotelettstück geschnitten, ca. 2 cm dick,
Mehl zum Wenden, 8 frische Salbeiblätter,
Salz, schwarzer Pfeffer aus der Mühle,
400 g enthäutete, entkernte und zerteilte Tomaten

Butter und Öl bei mittlerer Temperatur in einem Schmortopf, in den die 4 Koteletts nebeneinander hineinpassen, erhitzen. Schäumt die Butter nicht mehr, werden die in Mehl gewendeten Koteletts hineingelegt und auf beiden Seiten kurz und scharf angebraten, ebenso die Salbeiblätter. Salzen und pfeffern, die Tomaten zugeben und bei halb aufgelegtem Deckel köcheln lassen. Ca. 1 Stunde unter gelegentlichem Wenden schmoren. Die Koteletts entnehmen, auf eine vorgewärmte Servierplatte legen, die Flüssigkeit bei starker Hitze reduzieren. Dann die Koteletts mit der Sauce übergießen und sofort servieren.

Coniglio al balsamico tradizionale di Modena

Kaninchen mit Balsamessig

1,2 kg Kaninchenragout,
Salz, Pfeffer aus der Mühle,
Olivenöl zum Anbraten

Für die Marinade:
1/8 l Olivenöl, 1/8 l Balsamessig,
4–6 frische Lorbeerblätter, 4–6 Salbeiblätter,
6 Wacholderbeeren, zerdrückt, 1 Knoblauchzehe, zerhackt

Die Zutaten für die Marinade gut miteinander verrühren, das rohe Fleisch damit übergießen, zugedeckt für 24 Stunden in den Kühlschrank stellen zum Marinieren. Das Kaninchenfleisch entnehmen, trockentupfen, salzen und pfeffern, die Marinade beiseite stellen. Im heißen Öl das Fleisch nun von allen Seiten scharf anbraten, mit der Marinade ablöschen und auf kleiner Flamme 2 Stunden köcheln lassen. Vor dem Servieren nochmals mit ein paar Tropfen Balsamessig abschmecken.

Arista alla reggiana

Schweinebraten nach Art von Reggio Emilia

1 Kotelettstück vom Schwein, ca. 1½ kg,
Salz, Pfeffer aus der Mühle,
350 ml Olivenöl, 3 EL Weißweinessig,
3 Knoblauchzehen, fein gehackt oder gepresst,
2 Rosmarinzweige, einige Zweiglein frischer Thymian,
8 frische Wacholderbeeren, 1½ l Vollmilch

Das Fleisch mit Küchengarn zusammenbinden, damit es seine Form behält, und mit Salz und Pfeffer einreiben. In einen emaillierten oder gusseisernen Bräter das Öl und den Essig gießen, Knoblauch, Rosmarin, Thymian und Wacholderbeeren zugeben. Das Fleisch einlegen und 24 Stunden lang marinieren, dabei gelegentlich wenden. Danach die Milch zugießen – das Fleisch muss ganz bedeckt sein. Auf kleiner Flamme oder im Ofen bei 150 °C ca. 1 Stunde garen, bis die Milch ganz aufgesogen ist. Nun die Temperatur am Herd höher stellen und den Braten rundherum braun braten. Aus dem Herd nehmen und zwischen den Rippen in Scheiben schneiden.

So zubereitet, schmeckt die Arista auch kalt ausgezeichnet.

Involtini all'emiliana

Kalbsrouladen nach Art der Emilia

400 g dünne Kalbfleischscheiben von der Lende,
80 g frisch geriebener Parmesan, 120 g Parmaschinken
Für die Sauce:
30 g Butter, 50 g gesalzener Speck, 1 Karotte,
ein paar Sellerieblättchen, 1 Bund glatte Petersilie, 1 Zwiebel,
3 geschälte Tomaten, 1 EL Tomatenpüree, 3 Salbeiblätter,
1 EL Weinbrand, 1 Glas Weißwein, 0,2 l Fleischbrühe

Die Kalbfleischstücke mit dem geriebenen Parmesan bestreuen, mit Parmaschinken belegen, einrollen und mit einem Zahnstocher fixieren. Dann für die Sauce die Karotte, die Sellerieblätter, Petersilienblätter und die Zwiebel fein wiegen. In einer Gusseisenpfanne Butter zerlassen, die Speckwürfel hineingeben und glasig braten.

Jetzt die Rouladen bei geringer Hitze von allen Seiten schön goldbraun braten. Aus der Pfanne nehmen, darin das Gemüse und die Kräuter andämpfen, die Rouladen wieder zugeben und alles zusammen auf größerer Flamme erhitzen; zuerst mit dem Cognac, dann mit dem Wein löschen. Wenn alle Flüssigkeit verdampft ist, die passierten Tomaten und das angerührte Tomatenpüree, die Salbeiblätter und die Fleischbrühe hinzufügen. Die Pfanne zudecken und auf kleinster Flamme ca. eine Stunde schmoren lassen.

Fegato all'aceto balsamico

Kalbsleber mit Balsamessig

400 g Kalbsleber, in sehr feine Scheiben geschnitten,
Salz, Pfeffer aus der Mühle, 80 g Mehl,
3 Eier, leicht verquirlt, 120 g Semmelbrösel,
80 g Butter oder Schweineschmalz,
2–3 EL Balsamessig

Die Leberscheiben salzen und pfeffern, im Mehl wenden und in die verquirlten Eier tunken. Dann in den Semmelbröseln wenden. Butter oder Schweineschmalz in einer sehr großen Pfanne zerlassen, heiß werden lassen und die Leberscheiben darin von beiden Seiten goldbraun braten. Auf Küchenkrepp abtropfen lassen, mit dem Balsamessig beträufeln und sofort servieren.

In Verdis Heimat heißt auch die Leber anders: fiddogh sagen die Emilianer dazu.

Variante: In der Emilia werden dünne Kalbsleberscheiben mit dünnen Pancetta-Scheiben belegt, in die Mitte kommen ein Zweiglein Rosmarin und der Speck, dann wird jede Scheibe zur Roulade gerollt und in einer Butter-Olivenöl-Mischung kross gebraten. Diese *Involtini di fegato* heißen in der Region *valizén ed fiddogh*.

Trippa alla parmigiana

Kutteln mit Parmesan

1 kg küchenfertige Kutteln, 7 EL Olivenöl, 60 g Butter,
100 g Zwiebeln, fein gehackt, 100 g Staudensellerie in kleinen Stücken,
150 g Karotten, geschabt und in kleine Stücke geschnitten,
3 geschälte und zerdrückte Knoblauchzehen, 2 EL gehackte Petersilie,
1 TL gehackter frischer Rosmarin (oder 1/2 TL getrockneter), 1/4 l Wein,
250 g überbrühte, enthäutete Fleischtomaten, in Stücke geschnitten,
1 scharfe rote Chilischote, gehackt, Salz, Pfeffer aus der Mühle,
0,3 l hausgemachte Fleischbrühe, 100 g frisch geriebener Parmesan

Die Kutteln unter fließendem Wasser sehr gut waschen, abtropfen lassen und in Streifen von ca. 1 x 8 cm schneiden. In einem großen Schmortopf die gehackten Zwiebeln in Butter und Öl goldgelb braten, Sellerie- und Karottenstücke zugeben und 2 Minuten garen. Dann den Knoblauch, die Petersilie und den Rosmarin zufügen und kurz mitgaren. Jetzt die Kuttelstreifen dazugeben und alles gut miteinander vermischen. 5 Minuten erhitzen, den Wein angießen und 30 Minuten kochen lassen. Die Tomaten mit ihrem Saft, die gehackte Chilischote, Pfeffer, Salz und Brühe zugeben, alles vorsichtig mischen und zum Köcheln bringen. Nun bei aufgelegtem Deckel zweieinhalb Stunden garen, bis die Kutteln weich sind.

Während des Kochens muss genügend Flüssigkeit vorhanden sein, sonst Weißwein oder Wasser nachgießen. Am Ende der Garzeit darf die Sauce aber nicht mehr wässrig sein. Sollte dies der Fall sein, nochmals im offenen Topf bei großer Hitze reduzieren. Die Kutteln in einer vorgewärmten Schüssel anrichten, mit der Sauce übergießen. Erst unmittelbar vor dem Servieren die restliche Butter in Flöckchen hinzufügen und den geriebenen Parmesan unterziehen.

SCENA E DUETTO - FINALE ULTIMO
Tutti i diritti d'esecuzione, riproduzione, traduzione e trascrizione sono riservati.
Netti Fr. 2.25 MK. 1.80

Giuseppina wird zum ersten Mal in ihrem Leben von einem Mann gut behandelt, der sie respektiert. Giuseppe wird mit allen Schrullen und Macken hingenommen von einer Frau, die ihn verehrt. „Seit vielen Jahren", schwärmt sie, „habe ich die Gnade, in seiner Nähe zu leben, und es gibt Momente, in denen ich nicht weiß, ob meine Liebe oder meine Verehrung für ihn, für sein Herz und seinen Charakter, größer ist." Und Giulio Ricordi schwärmt sie noch als alte Dame vor, sie habe entdeckt, dass „bei Verdi der Mensch den Künstler übertrifft".

Idylle oder Einöde? Giuseppe liebte die stille Weite der Bassa Padana, weil es seine Heimat war. Giuseppina lebte dort nur Verdi zuliebe.

Vorhergehende Doppelseite: Himmel oder Hölle? Wenn Freunde zu Gast waren im Salon des Palazzo Orlandi – der Textdichter Piave, das Ehepaar Maffei, der Verleger Ricordi oder der enge Freund und Schüler Muzio –, waren die Verdis im Glück, sonst aber nur im Unglück – einem, das von außen kam.

Kein Wunder also, dass sie für ihn so viel auf sich nimmt. „Meine Wüste und mein Himmel", nennt Verdi die Bassa oder auch „meine geliebte Einöde". Für Giuseppina ist vom Himmlischen wenig zu spüren, und lieben kann sie dieses platte, ereignislose Land auch nicht. Sie redet von einer *solitudine spaventosa*, einer entsetzlichen Einsamkeit. Giuseppina ist das Gegenteil von Verdi – sie hat alles, was er nicht hat. Sie hat perfekte Fremdsprachenkenntnisse in Französisch und Englisch, eine breite Allgemeinbildung in Kunst und Literatur, sie hat eine Engelsgeduld, geschliffene Manieren und diplomatisches Geschick. Ihr verdankt Verdi wahrscheinlich sogar seinen Durchbruch mit dem *Nabucco*. „Ich hatte", sagt er selbst, „nie mit Merelli gesprochen und glaubte, die Einladung sei ein Missverständnis, ging aber trotzdem hin. Merelli sagte mir wörtlich: ‚Ich habe die Strepponi und den Ronconi so gut von Eurer Oper sprechen hören.'" Deren Lob des *Oberto*, das Merelli hinter den Kulissen belauschte, war der Start zu Verdis sensationellem Erfolg – und vielleicht auch bereits für seine Liebe zu der schönen Sängerin.

Giuseppina ist eine Frau für die Großstadt; sie hat sich wohl gefühlt in Paris, hat die unvergleichliche Auswahl an eleganten Kleidern, Schals und Parfums genossen, all die Champagnerempfänge und Soireen, auf denen sie ihre brillante Unterhaltungsgabe blitzen lassen konnte. Sie hat Verdi zwar

zugeredet, Sant'Agata zu kaufen, hat auch ihr Geld beigesteuert, nur aus Liebe – Liebe zu Verdi, wohlgemerkt, nicht zu dieser Gegend. Auf Sant'Agata ist sie nie wirklich glücklich, und wenn Verdi unterwegs ist, steht sie oft lange am Fenster und starrt hinaus auf dieses Land, das für sie niemals Heimat wird. „Einer muss eben daheim sein und die Koffer ein- und auspacken", sagt sie, wenn jemand fragt, ob sie sich nicht langweile.
„Ich höre hoch erfreut", schreibt sie ihm einmal, „dass Du Dich verloren fühlst ohne mich und wünsche Dir so viel Langeweile, dass Du die barbarische Idee aufgibst, mich dem Eremitendasein der Thebais zu überantworten." Eifersüchtig ist sie nicht auf ihren *mago*, denn Peppina ist sich durchaus bewusst, wie sehr er sie braucht. Nicht nur Verdi, auch die Gäste genießen ihr Feingefühl, ihr Einfühlungsvermögen in andere Menschen und ihren alles verzeihenden Humor. Das Jackett eines Gräzisten am Tisch, der sich beim Essen überall vollspritzt, nennt sie „die griechische Inselwelt", aber als daraufhin Gelächter losbricht, sagt sie schnell: „Das sind wohl die einzigen Flecken, die sich an diesem Mann entdecken lassen." Zu den zehn Hausangestellten ist sie zwar mindestens genauso streng wie Verdi, aber sie vergreift sich nie im Ton und lässt sich auch nicht zu fristlosen Entlassungen hinreißen wie ihr reizbarer Gatte.

Wären keine Gäste da, ginge es im Haus ruhig zu, trotz des trällernden Papageis, der schnurrenden Katzen, der kläffenden Hunde, der kreischenden Pfauen, der gackernden Hühner. Denn Kinder weinen und lachen hier nicht. Die Kinder, die hier geboren werden, heißen *La traviata* und *Aida*, *Otello* und *Falstaff*.
Und bei ihrer Geburt sitzt Verdi selten an seinem Flügel, meistens komponiert er ganz trocken und stumm am Schreibtisch. Und die kleine Maria Filomena, die sie schließlich von Verdis Cousine adoptieren, spielt gerne im großen Garten von Sant' Agata, kommt mal zum Essen herüber oder zum Boccia, lebt aber meistens bei ihrer Mutter; Tochter der Verdis ist sie nur auf dem Papier und als Erbin. Da braucht es Gäste, wie Giuseppina sie liebt: „wache, aktive Menschen". Sie beleben Sant'Agata. Aber im Winter, wenn ein nasskalter Wind über die nackte Ebene pfeift, könnten nicht einmal die anregendsten Gäste die Stimmung retten. Es war Giusep-

Friede oder Einsamkeit? Auf Sant'Agata musste Verdi es schmerzlich erfahren: Sehr alt werden bedeutet einsam werden. Treuer Dauergast der letzten Jahre war Maria Carrara-Verdi – hier in jungen Jahren.

pinas Idee, ab 1860 die Winter im milden Klima Genuas zu verbringen, wo sie zuerst eine Wohnung im Palazzo Sauli mieten, dann eine Prachtwohnung im Palazzo Doria. „Verdi mit seiner eisernen Natur", sagt sie, „hätte das Land vielleicht auch im Winter geliebt und sich Freuden und Beschäftigung zu verschaffen gewusst. [...] Aber gutherzig, wie er ist, hat er Mitleid gehabt mit meiner einsamen Traurigkeit." Doch wenn es an die Aussaat geht, drängt es den Bauern von Le Roncole zurück auf seine Felder. Und Peppina geht selbstverständlich mit.

Der Ruhm ist Vergangenheit: Als die Operndiva Giuseppina Strepponi Verdis Geliebte wird, hat sie ihre Gesangskarriere ein für allemal beendet. Doch ihre schöne, elegante Bühnenerscheinung blieb unvergessen.

„Ich bin", schreibt sie an einen alten Freund, „von der Sängerin zur Hausfrau aufgestiegen – eine Position, die mir viel mehr zusagt." Die ehemalige Diva ist sich nie zu schade, Verdi zu umsorgen wie eine brave Gattin, aber sie bleibt interessiert, neugierig, wissbegierig. „Wenn ich weiß, dass das Haus sauber ist, dass Verdi kein einziger Knopf fehlt und das Essen nicht zu schlecht gerät, nehme ich ein gutes Buch zur Hand, das ich nach den tausend Dingen frage, die ich nicht weiß." Nie würde sie jedoch behaupten, gebildet zu sein oder gar kunstsinnig. „Ich habe nie studiert, habe keinen Funken für irgendeine Kunst", behauptet die Frau, deren literarische Kenntnisse die Gäste auf Sant'Agata und die Empfänger ihrer Briefe immer wieder verblüffen. „Aber ich liebe die Künste, die Literatur und erfühle viele Dinge durch Intuition." Intuitiv spürt sie auch, dass es keine herabwürdigende, sondern eine ihrer durchaus würdige Rolle ist, die sie nun jenseits der Bühne spielt. „Die Stellung der Gattin Verdis, in mancher Hinsicht ähnlich der eines Prinzgemahls, war nicht leicht", erinnert sich Edmondo De Amicis. „Aber Signora Verdi war dazu wohl von Natur aus wie durch erworbene Eigenschaften so sehr befähigt, dass sie in dieser schwierigen Lebensgemeinschaft, glaube ich, niemals auch nur den leisesten Missklang aufkommen ließ." Das heißt aber nicht, Peppina füge sich unterwürfig in alles, was der große Meister will. Auch die Gäste spüren, dass Peppina ihren Mann keineswegs kritiklos anhimmelt.

„Nur wer sie ohne Scharfblick beobachtete, hätte die Ehrfurcht, in der sich ihre große Liebe für ihren Mann offenbarte, Vergötterung nennen können", betont De Amicis. Jeder, der von Signora Verdi einmal einen Brief bekommen hat, eines dieser fein formulierten Meisterwerke, unterschätzt die Frau an Verdis Seite nie mehr. Denn aus jedem ihrer Briefe, die sie zuerst aufsetzt und dann sorgfältig abschreibt, spricht eine heitere Abgeklärtheit und eine tiefe Menschenkenntnis. Und auch ein ungeheurer Sinn für alle Situationskomik. Ihre genauen Beobachtungen beweisen Wortwitz und die Begabung, sich zu amüsieren über Dinge, über die andere sich aufregen. Doch es gibt Grenzen.

Am 23. September 1871 notiert Giuseppina am Rand des Kalenderblatts: „Vielleicht der traurigste Augenblick meines Lebens. Signora Stolz kam heute an. Immer noch sehr schön. Dunkelheit, Dunkelheit [...] Dunkelheit vor mir."

Erst zwanzig Tage später reist die Dame wieder ab, die ihrer Gastgeberin derartigen Kummer bereitet. Neu ist diese Frau Stolz nicht im Leben der Verdis. Und früher hat sich nicht die Hausherrin, sondern der Hausherr über diese böhmische Sängerin aufgeregt. Dabei war sie damals noch schlank, ansehnlich und umschwärmt. Angelo Mariani, Verdis Dirigent, war damals heftig hinter Teresa Stolz her. „Der Umfang und die Schönheit ihrer Stimme", schwärmte er, „die Kunst, sie zu modulieren, ihre Einfühlung in die Musik und ihr gesangliches Können – alles ist vollkommen, erhaben." Verdi war anderer Ansicht: Als er die Stolz in der Uraufführung seiner *Giovanna d'Arco* gehört hatte, brach er wütend in Marianis Zimmer im Grandhotel Milan ein, um sich über das grässliche Kauderwelsch dieser Sängerin zu beschweren und sich über diese Besetzung lauthals zu empören. Mariani konnte das nicht von der Böhmin abbringen. Als man nach der *Maskenball*-Vorstellung in Bologna noch im Albergo Petrarca beim Wein zusammensaß, hatte er ihr ziemlich überstürzt einen Heiratsantrag gemacht. Seither gilt sie als seine Verlobte. Im Prinzip hätte Mariani Chancen bei ihr, denn er ist zwölf Jahre älter, und in der Branche weiß jeder, dass „La Stolz" einen Vaterkomplex hat und nur ältere Männer in die engere Wahl zieht. Vielleicht ist Mariani zu wenig älter – ihr letzter Liebhaber, der Bassist Ignazio Marini, war werdender Urgroßvater, als sie sich in ihn verliebte. Teresa hat es allerdings

Der Ruhm ist Gegenwart: Als die böhmische Sopranistin Teresa Stolz beschließt, Verdi zu erobern, steht sie noch vor dem Höhepunkt ihrer Laufbahn. Und wird nicht nur seine Aida sondern auch seine Geliebte.

gnädig angenommen, dass der betörte Dirigent ihr die Verdi-Partien verschaffte, von denen sie träumte. Obwohl Verdi geschworen hatte, er werde die Stolz nie mehr dulden wegen ihres grauenvollen Italienisch, hatte es Mariani danach durchgedrückt, seinem vollbusigen Schwarm die Partie der Leonora zuzuschustern, als an der Mailänder Scala eine italienische Neubearbeitung von *La forza del destino* geplant wurde. Verdi leitete die Proben selbst und verlor schier die Nerven mit dieser Stolz. Sie sang die Rolle nicht elegisch, sondern hochdramatisch. Er brüllte sie an, er machte sie nieder. Aber die Stolz schluckte alles brav und lächelte. Das Verdächtige: Giuseppina wurde von Verdi ausdrücklich gebeten, diesen Proben ausnahmsweise nicht beizuwohnen.

La forza del destino

LA
FORZA DEL DESTINO
OPERA IN QUATTRO ATTI
PAROLE DI
F. M. PIAVE
MUSICA DI
G. VERDI
Nuova Edizione
DA RAPPRESENTARSI
AL REGIO TEATRO DELLA SCALA
Quaresima 1869
R. STABILIMENTO RICORDI
MILANO - NAPOLI - FIRENZE
Proprietà per tutti i paesi — Deposto a norma delle Leggi
— Diritti di traduzione riservati —

Die Ironie des Schicksals: Bei Proben in Mailand zu La forza del destino – Die Macht des Schicksals – gibt Verdi dem Drängen Teresas nach. Und bittet Giuseppina, daheim zu bleiben.

Und Giuseppina schrieb damals, zwei Wochen vor der Premiere, einen Brief an ihren Mann, der ein psychologisches Glanzstück und einen Beweis ihrer Beherrschtheit darstellt. „Als ich mir im vergangenen Frühjahr ein Herz fasste und die Maffei und Manzoni aufsuchte, um mit einer Menge erfreulicher Dinge in Händen zurückzukehren“, erinnert sie ihn zuerst an ihr Verdienst, den Kontakt zu Verdis Helden, dem Nationaldichter, hergestellt zu haben. Dann erinnert sie ihn an die schöne Zeit, „als wir zusammen nach Mailand reisten, Manzoni besuchten, die Fahrt auf dem See machten, und Du Dich infolgedessen dem Land Deiner früheren Triumphe wieder angenähert hast.“ Dann erst gibt sie zu, wie sehr sie leidet, wie tief gekränkt sie ist, denn „da ahnte ich nichts von dem seltsamen, schmerzlichen Ergebnis, dem ich mich nun gegenübersehe, nämlich verleugnet zu werden“. Und sie ist klug genug, nicht einmal zur Premiere anzureisen. „So erspare ich Dir, heimlich nächtlicherweise zum Bahnhof zu gehen, um mich von Dir herauskippen zu lassen wie einen Ballen Schmuggelware.“ Aber es kommt kein direkter Vorwurf über ihre Lippen. „Möge Gott Dir die brennende, demütigende Wunde verzeihen", bittet sie, „die Du mir zugefügt hast."

Jetzt, als sich die Stolz für fast drei Wochen auf Sant'Agata einnistet – offiziell, um mit Verdi die *Aida* einzustudieren, die sie zwar nicht in Kairo, aber bei der Mailänder Premiere singen soll –, da hat Verdi offenbar so starke Sympathien für sie entwickelt, dass Giuseppina Angst hat, ihren *mago* zu verlieren an die 19 Jahre Jüngere, die immer neueste Pariser Mode trägt. Und die Biographen machen daraus später einen Schnulzenroman von der Sorte, wie Verdi sie in jungen Jahren verschlungen hat. Die strahlende Schönheit sticht die alternde Gattin aus – das ist kein Drama alla Verdi. Es gibt zwar Fotos von „La Stolz", auf denen das Ebenmaß ihres Gesichts, ihre hohe Stirn, eine ausdrucksstarke Nase und die hohen Wangenknochen zu erkennen sind, aber die sind bereits zehn, fünfzehn Jahre alt, als Teresina in Verdis friedliche Ehe einbricht. Mittlerweile hat sie gewaltig zugelegt. Um es ehrlich zu sagen: Sie ist dick. Ein Foto, im Jahr nach dem ersten Besuch auf Sant'Agata entstanden, zeigt das immer noch markante Profil der böhmischen Diva, aber auch die Schwere des Kinns, die wuchtige Brust, die eigentlich eher als Büste zu bezeichnen wäre. Und das, was die Ganzkörperbilder der Stolz als *Aida* vorführen, kann man bestenfalls eindrucksvoll oder majestätisch nennen. Doch die meisten Biographen, beglückt, wenigstens diesen einen Skandal in Verdis Leben aufgestöbert zu haben, setzen, wie der berühmte Verdi-Biograph Julian Budden, gerne ein Foto von Peppina als 78-Jähriger im braven Kleid der alten Damen, einen wenig kleidsamen Schleier auf dem weißen Scheitel, neben ein Pastell des ohnehin schmeichlerisch veranlagten Federico Garibaldi, das die Konkurrentin mit Schwanenhals, Göttinnenantlitz und hinreißendem Dekolleté darstellt, um klar zu machen: Verdi konnte gar nicht anders. Nur: Dieses Konterfei kann erst entstanden sein, als die Stolz schwerleibig, plump und alles andere als anmutig war, denn der Künstler kam 1879 zur Welt und begann zu malen, als „La Stolz" 65 war.

Die Blindheit der Biographen: Teresas Jugend und Schönheit, schreiben fast alle, soll Verdi betört haben. Doch zeitgenössische Bildnisse lassen davon wenig ahnen.

Trotzdem ist sicher: Giuseppina hat Grund zur Eifersucht, als Teresa auch in die Privatsphäre des *mago* eindringen darf und sich stundenlang allein mit ihm in seinem Arbeitszimmer aufhält, das bekanntlich

auch sein Schlafzimmer ist. Als die Konkurrentin direkt nach ihrer Abreise von Sant'Agata ihre Verlobung mit Mariani auflöst, scheinen Peppinas Befürchtungen ins Schwarze zu treffen. Zugegeben, Mariani ist zwar charmant, aber selbst die nachsichtige Peppina, die ihn als Stammgast zur Genüge kennt, hatte einmal gesagt, sie wäre froh, „wenn er es nur mal fertig brächte, dreiundzwanzig statt fünfundzwanzig Stunden am Tag zu schwätzen". Es ist aber weniger eine jäh erwachte Abneigung gegen Angelo als eine lange schon erwachte Leidenschaft für Giuseppe, die Teresina zu der Trennung treibt. Und bei Verdi lässt die energische Diva einfach nicht locker. Sie ist weder schön noch besonders intelligent oder gar belesen. Es muss, so die männlichen Biographen, also ihre Jugend gewesen sein, die Verdi betörte. Und Julian Budden behauptet kühn, Giuseppina sei eben frühzeitig gealtert. Das wäre angesichts ihres Lebens zwar verständlich, aber beweisbar ist es nicht. Im Gegenteil: „In ihrem Gesicht", schreibt ein später Freund der Familie, Edmondo De Amicis, „waren die Züge früherer Schönheit noch um ihr siebzigstes Jahr fast unverändert sichtbar geblieben; das in ihrem schönen, grau melierten noch immer erhaltene blonde Haar und die rosige Farbe der Haut verliehen ihr auf den ersten Blick eine jugendliche Erscheinung." Vielleicht sei es Teresinas tiefes Gefühl für Musik gewesen, das Verdi für sie entflammt hat, mutmaßen manche. Aber wenn es Giuseppina an einem nicht fehlt, dann ist das musikalisches Verständnis. De Amicis ist überzeugt: „Verdis Schaffen hätte mit *Aida* aufgehört, wenn sie fünfzehn Jahre früher gestorben wäre."

Wenig Erlesenes, aber sehr viel Stimmung: Weder Verdis Arbeits- und Schlafzimmer (er komponierte fast nie am Flügel, fast immer am Schreibtisch) noch der Rote Salon zeugen von verfeinertem Stilgefühl. Aber sie wirken bis heute warm und gemütlich (oben und linke Seite).

Höchstwahrscheinlich war es das Temperament der Böhmin, das Verdi begeisterte, ihre unverwüstliche Fröhlichkeit. Denn das bietet Giuseppina nicht. Auch der sonst so euphorische De Amicis sieht das: „Die klaren Augen jedoch hatten einen von Natur aus ernsten Ausdruck, der im Gegensatz zur Heiterkeit ihres Geistes stand." Zwei Menschen, die zur Melancholie neigen und sich Gedanken übers Alter und das Altern machen in der herbstlichen Melancholie Sant'Agatas. Und da platzt diese Frau hinein, die lacht und herrlich singt. Sie sprudelt, während Giuseppina schon immer sehr langsam und bedächtig gesprochen hat. Sie strahlt vor guter Laune und Lebenslust, während sich über die Miene der Gastgeberin ein Schatten legt.

Mariani wird diese Affäre nie verwinden und Teresina nicht mehr sehen. „Alles, was ich sagen will, ist, dass beide Verachtung verdienen, sollten die Gerüchte wahr sein, die man über ihn und eine andere Person hört, die sich mir gegenüber ebenfalls sehr schlecht benommen hat." Nie mehr wird Mariani Gast auf Sant'Agata sein, nie mehr Wildenten, Rebhühner und Turteltauben schießen mit dem verehrten Maestro; als Mariani ein Jahr nach dem ersten berüchtigten Besuch Teresas auf dem Gut der Verdis an Blasenkrebs stirbt, badet seine Ehemalige in den Ovationen des Publikums. Teresa Stolz hingegen wird immer öfter eingeladen nach Sant'Agata – und zwar von Signora Verdi persönlich. Denn Giuseppina ist klug und glaubt letztlich doch an das, was sie ihrem *mago* ein paar Jahre zuvor geschrieben hatte: „Unsere Jugend ist vorbei; trotzdem bedeuten wir uns noch immer alles [...], unsere Zuneigung und unsere Charaktere sind so gut aufeinander abgestimmt, dass gar kein Platz bleibt für jene häufigen, bitteren Auseinandersetzungen, die der Liebe Abbruch tun."

Giuseppina ist keine Heulsuse. Aber diese Ehekrise bringt sie an den Rand der Verzweiflung. „Wenn ich, die ich unglücklicherweise nicht leicht weinen kann, geweint habe, so will das etwas heißen", gesteht sie später Teresa Stolz. Doch sie weint sich alleine in ihrem Zimmer aus und lächelt, wenn sie wieder heraustritt. „Vor allem", schreibt sie an Teresa nach jenen dunklen Wochen auf Sant'Agata, „möchte ich Sie wieder umarmen und so lange wie möglich mit Ihnen zusammen sein." Soll sie haben: Den nächsten Urlaub verbringen Verdis nun zusammen mit Teresa Stolz. Aber dann, im Mai 1872, als Teresina sich wieder einnistet auf Sant'Agata, geladen von Signora Verdi, kommt es wohl doch zu einem Krach; vielleicht fordert Teresa zu viel. Jedenfalls nimmt sie überstürzt ein Engagement in St. Petersburg an und lässt kein Wort mehr von sich hören. Zurück in Italien, singt sie noch ein paar Mal ihre Verdi-Glanzrollen und tritt dann mit 45 ab. Nimmt sich in Mailand eine große Wohnung, lebt allein mit ihrem Dienstmädchen, wird immer dicker, ist aber ihres Charmes wegen noch immer umschwärmt. Da reist aus Sant'Agata jemand an, der sie um Hilfe anfleht, ihren Beistand erbettelt: Giuseppina. Verdi hänge tatenlos und traurig herum. Teresa soll doch mitmachen bei dem Plan, Verdi noch einmal zu einer Oper anzuregen. Sie macht mit: Nach fünfzehn Jahren ist die ehemalige Widersacherin erneut Giuseppinas Gast auf Sant'Agata. Und

soll von da an Stammgast bleiben. Auch dann noch, als Giuseppina sich im feuchtkalten Herbst 1897 nicht mehr erholt von ihrer schweren Bronchitis: Teresa darf, nein: sie muss kommen, um Verdi aufzurichten, dem mit seiner Frau sein Halt entzogen wird. Vielleicht ist es Teresa, die ihn dazu bringt, sich selbst vor dem seelischen Absturz zu retten, indem er komponiert. An Giuseppinas Sterbebett schreibt Verdi sein *Stabat mater*. „Es stand eine Mutter schmerzerfüllt", beginnt der Text. Und er endet mit den Worten: „Fac ut animae donetur Paradisi gloria". Fast genauso klingt Giuseppinas Vermächtnis:
„Wie wir im Leben vereint gewesen sind, so möge Gott unsere Seelen im Paradies wieder zueinander finden lassen", wünscht sie in ihrem Testament. Und krönt es mit einer letzten, unendlich souveränen Geste: Sie vermacht Teresa Stolz eine mit Brillanten besetzte Uhr, ein Goldcollier mit grünen Emaileinlagen und ein kostbares Armband, „römische Arbeit, mit dem Wort ‚Souvenir' in kleinen Brillanten".

Teresa Stolz zieht nicht ein auf Sant'Agata, aber sie wird Verdis Gefährtin bleiben, mit ihm pendeln zwischen Mailand und Montecatini und für ihn da sein bis an seinen Tod; sie hält ihm die Hand, als er stirbt. Eines allerdings hört Verdi auf Sant'Agata nie mehr nach Peppinas Ende, diesen Kosenamen, den keiner richtig versteht: *pasticcio* – Pastete. So nannte Giuseppina Giuseppe und Giuseppe Giuseppina. Offenbar war jeder für den anderen ein vielschichtiger Genuss. Genussfähigkeit besaßen beide. Und kultivierten beide. Ihr Sant'Agata sollte nicht als hehre Wallfahrtsstätte der Verdi-Anbeter gelten, nicht als elitärer Treffpunkt für hochgeistige Diskussionen. Sondern als behagliche, sinnliche Heimat auf Zeit für Gäste, wie Giuseppina sie sich wünscht: „wache und aktive Menschen". Die braucht es, um Sant'Agata zu beleben. Die Gäste müssen nichts mitbringen außer halbwegs guter Laune und neuen Gesprächsstoff – und natürlich Verständnis für die Marotte des Genies, sich ausgerechnet in dieses Kaff abseits der Welt zurückzuziehen. Und sich allen Ernstes als Bauer zu betätigen.

Wege und Irrwege, Aufstieg und Abstieg, Licht und Schatten: Giuseppina überstand alles durch ihre Gelassenheit und ihre tiefe Gläubigkeit.

Niemals aufwendig, immer einladend: Im Hause Verdi gab es keine kunstreichen Menüs und keine opulenten Gelage. Das Rezept ihrer Gastlichkeit: Es gibt nichts Besseres als etwas Gutes.

Das gastliche Haus

Eine Villa voll Küchendampf und Herzenswärme

Es gibt Leute, die in ihrer Heimat nur deswegen hängen bleiben, weil sie nichts anderes kennen. Den Vorwurf kann Verdi keiner machen. Und auch nicht den, er habe die Schönheit anderer Plätze nicht gesehen.
„Venedig ist schön, ist poetisch, himmlisch, aber […] ich möchte da nicht gerne bleiben", schreibt er mit 30. Und vier Jahre später aus London: „Heil unserer Sonne – die ich auch sonst sehr lieb habe, jetzt aber noch mehr verehre, seit ich in diesem Nebel, in diesem Rauch lebe, der mich erstickt, der mich ganz blind macht. Andererseits, welch eine herrliche Stadt! Da gibt es Dinge, dass man zu Stein erstarren könnte – aber das Klima macht jede Schönheit zuschanden […], ich könnte bei dem Klima nicht existieren."
Nicht einmal die viel gerühmte Hauptstadt Frankreichs kann ihn bezaubern: „Ich sehne mich nicht, nach Paris zu gehen – diese Stadt hat keine

besonderen Reize für mich." Und St. Petersburg lässt bei ihm alle positiven Gedanken einfrieren: „Wenn ich im Jenseits an eine Eishölle glauben könnte, wie Papa Dante sie schildert, würde ich morgen anfangen, den Rosenkranz und *Miserere* zu beten und Vergebung aller Sünden zu erflehen, die ich begangen oder nicht begangen habe."

Klimatisch hat die Bassa St. Petersburg und London zwar einiges voraus, aber ein Paradiesgarten ist sie für den sonnenhungrigen Verdi auch nicht. Wenn die Bäume zu blühen anfangen, ist es ein Glück, dort zu leben. Auch wenn der Sommerwind durch die Weizenfelder streicht, wenn aus den Frühnebeln im September ein strahlend klarer Tag hervortritt, sogar noch im Oktober, der meistens mild ist, hat das flache Land seine Reize. Und es gibt auch Wintertage, die verklärt sind. „Ich schaue durchs Fenster den hellgrauen Himmel an", schreibt Boito an Heiligabend aus Sant'Agata an einen Bekannten, „der große Garten, den Sie kennen, die Felder, die großen Pappeln und Weiden, sie alle sind von Reif bedeckt; das macht, dass die Landschaft aus mattem Silber von äußerster Feinheit, wie Filigran aus Genua, scheint. Sie würden den Ort nicht wieder erkennen."

Immer verschlossen, aber nie für Freunde: Das Tor zu Sant'Agata öffnete sich nicht für aufdringliche Verehrer, aber für jeden, der den beiden etwas bedeutete. Oder auch nur der Freund eines Freundes war.

Aber üblich sind Tage, wie Verdi sie schlecht gelaunt schildert: „Es regnet, regnet, regnet! Aus mit dem Landaufenthalt, vorbei die Spaziergänge, vorbei die schöne Sonne, die wir jetzt nur noch blass und krank wieder sehen werden; vorbei der schöne blaue Himmel! Und statt Vergnügen Langweile." Aber er, der in der Bassa groß geworden ist, weiß, worauf er sich einlässt: auf eine Region, in der die Winter grau, öde und nass sind. Sie machen Verdi und Giuseppina so niedergeschlagen, dass sie beschließen, sich von November bis in den Februar oder März in Genua einzumieten. Der Schwerpunkt und Mittelpunkt des Lebens, wirklich des ganzen Lebens, bleibt jedoch Sant'Agata.

„Ich bin in Sant'Agata und atme auf; atme, was meine Lungen vertragen", schwärmt Verdi noch mit 80. Und er atmet hier nicht nur auf, weil die Luft besser ist, sondern weil er sich befreit fühlt von allem, was ihn bedrängt und beengt – von gesellschaftlichen Verpflichtungen und Intrigen, von boshaften Kritikern und aufdringlichen Verehrern, von Zeitdruck und Leistungsdruck. Heimat ist dort, wo man keine Angst hat. Hier kann ihn so leicht nichts umwerfen, denn er ist in der Bassa verwurzelt. Aber Verdi will hier auch pflanzen. Ganz real in seinem Garten, auf seinen Feldern; er setzt eigenhändig Bäume in seinem Garten, vor allem nach jeder Uraufführung: nach Misserfolgen eine Trauerweide, nach Erfolgen eine Platane oder einen Lorbeer. Setzen will er aber auch im übertragenen Sinn: Er will ein Denkmal setzen. Nicht sich selbst, sondern seiner Heimatliebe. Vom ersten Teil des Denkmals ist heute nichts mehr zu sehen, aber wir wissen, wie es ausgesehen hat. Auf die Idee kam Verdi in Genua, wo ihm jedes Mal, wenn er am Fenster stand und aufs Meer hinausschaute, die Tränen kamen. Denn dort spielte sich Tag für Tag eine Tragödie ab: Frauen und Männer, Kinder und sogar Greise drängten sich zusammen auf den Dampfern, um ihre Heimat zu verlassen und in Amerika zu finden, was sie zu Hause vergeblich suchten: Arbeit. Der erste Teil von Verdis Denkmal bestand aus etwas, das sich heute Arbeitsbeschaffungsmaßnahme nennt.

„Warum machst Du Dir die Arbeit, neben den hübschen Zierfischen auch noch Nutzfische in Deinen Gartenteich zu setzen?" wundern sich die Gäste. „Würde doch auch reichen, dass Du ein paar Perlhühner fürs Frühstücksei hältst – wozu denn bitte eine Geflügelzucht?" Oder sie fragen kopfschüttelnd, warum er noch eine dritte Molkerei gebaut hat.

Manche fragen sich auch, warum der große Maestro unbedingt eine eigene Käserei braucht oder eine eigene Mühle und ob sich das für Verdi eigentlich rechnet, Pferde zu züchten, da er mit Komponieren so viel Geld verdienen könnte. Und vor allem fragen sie sich, wo der Meister sich den ganzen Tag herumtreibt, anstatt am Schreibtisch oder am Klavier zu sitzen.

Auf den Tisch kommt selbst Gemachtes: Ob es Pasta ist, geknetet aus dem Mehl von Verdis Mühle in Castelazzo (oben), ob es Käse, Ricotta oder Milch ist aus seiner Molkerei oder Fisch aus eigenen Gewässern (rechte Seite) – die Verdis waren so gut wie autark.

Peppina weiß es: Um fünf ist er meistens dabei, seinen großen Garten zu durchwandern, der ganz am Anfang einmal „Peppinas Garten" genannt worden war. Aber das hat sich schnell geändert. „In seinem Garten herrscht er wie ein Zar", gesteht Peppina, „so dass ich auf wenige Handbreit Boden beschränkt bin, wo er vereinbarungsgemäß nicht die Nase hineinzustecken hat." Manchmal setzt er sich in sein Boot und lässt es mit sachten Ruderschlägen übers Wasser des Teichs gleiten, der in der Form von Verdis und Giuseppinas Initialen angelegt ist: Eng verschlungen sind das G und das V. Dann setzt er sich auf einen seiner schönen Gäule und schaut, was die Arbeiter auf den Äckern treiben, schaut nach, was gerade in den Scheunen angeliefert wird und was in der Schmiede, der Molkerei und den

anderen Werkstätten alles schief gehen könnte, und kontrolliert, ob in den Ställen alles nach seinen Wünschen läuft. Beim Mittagessen bekommen ihn die Gäste dann endlich zu Gesicht, aber dann braucht er seine heilige Stunde Siesta. Das ist die Pause, in der sich der Landwirt Verdi in den Künstler Verdi verwandelt.

„Du weißt", unterrichtet Verdi den Herzensfreund Arrivabene, „dass ich letztes Jahr eine Molkerei gebaut habe und dieses Jahr noch zwei größere baue; und dass etwa zweihundert Arbeiter dort sind, die bis heute gearbeitet haben und denen ich Aufträge für zukünftige Arbeit geben musste, sobald die Kälte sie erlaubt. Für mich sind das unnötige Arbeiten, weil diese Bauten mir nicht eine Lira mehr von der Landwirtschaft einbringen werden; aber inzwischen verdienen die Leute, und aus meinem Dorf wandert keiner aus."

Mythos und Wirklichkeit: An das Grab, in das Aida und Radames eingemauert werden, sollen angeblich diese Grotten erinnern, die Verdi 1875 im Garten anlegen ließ. Aber der Meister baute sie nicht aus biographischen, nur aus romantischen Gründen.

Denn bei Verdi gibt es etwas zu tun. Allein mit seinem Garten kann er einen ganzen Stab beschäftigen. Da lässt er einen Ginkgobaum und andere Exoten aus Übersee importieren, ein herzförmiges Rosenbeet für Giuseppina anlegen, antike Steinskulpturen am Rand der Teiche aufstellen und auf die kleine Insel mittendrin drei anmutige Brücken bauen. Und eine künstliche Grotte anlegen, wie man das damals so hat in anspruchsvollen Parks.

Manchmal ist er all dessen, was er sich da aufgehalst hat, auch richtig gehend überdrüssig. „Das sind mühselige Tage, unsympathische, ohne Poesie […], Tage mit Geschäften, Zahlen, Abrechnungen mit Bauern und Verwaltern. Prosaische Sachen, höchst prosaische, aber leider isst man ohne diese Prosa nicht. Arme menschliche Natur! Und wir halten so viel von uns […] erhabenen Geistern. Na ja […]. Ich will mit allem Schluss machen, mit allem, was mir an Gütern bleibt, um nichts mehr damit zu tun zu haben." Aber Verantwortungsbewusstsein lässt sich nicht ablegen wie eine Kittelschürze. Und Verdi ist allmählich für ein halbes Dorf verantwortlich. Aber trotz leichter Ermüdungserscheinungen ist er mit 70 noch immer voll Tatendrang. Noch mehr Hühner wären lästig, und eine vierte Molkerei wäre Unsinn. Da plant Verdi den zweiten Teil des Denkmals.

Noch bevor er damit anfangen kann, kursieren bereits Gerüchte darüber in den Zeitungen, und Verdi ist nicht mit Denkmalbauen, sondern mit Richtigstellungen beschäftigt. Besonders ärgert ihn, dass zu lesen war, er stifte ein teures Hospital ausgerechnet der Stadt Busseto. „Busseto braucht kein Krankenhaus. Es hat ein eigenes, das auch gut versorgt wäre, wenn es gut verwaltet würde. Es handelt sich also nicht um Busseto, sondern um die kleine Ortschaft Villanova, die vier Dörfer umfasst, darunter Sant'Agata, wo ich wohne, mit einer Gesamtbevölkerung von etwa 6000 Einwohnern. Die Ortschaft gehört zur Provinz Piacenza, und die Armen, die krank werden, haben nur das Krankenhaus in Piacenza. Die Entfernung beträgt 34 oder 36 Kilometer und die armen Kranken (nicht alle, aber viele) sterben auf der Straße!" Deshalb habe er dem Bürgermeister von Villanova vorgeschlagen, auf seine – Verdis – Kosten ein Stück Land zu kaufen und ein kleines Krankenhaus darauf bauen zu lassen. Und „ohne das in den Zeitungen beschriebene Ausmaß", betont er. Weil das erstens für die wenigen Leute nicht nötig sei, und zweitens, „weil ich es wirklich, wirklich nicht machen könnte. Euch kann ich es ungeniert sagen, dass mein Vermögen, über das ich mich keineswegs beklage, nicht so fett ist, wie die Zeitungen es manchmal verkündet haben."

Anmut und Poesie: Von einem Antiquitätenhändler erwarb Verdi die Marmorskulpturen, die seinem Garten etwas von der Grandezza eines Schlossparks geben sollten.

Mit der Planung zieht ein neuer Stammgast ein in Sant'Agata: Camillo Boito, der Bruder von Stammgast Arrigo. Dass er als ein guter Architekt gilt und als einer der belesensten überhaupt, ist ein Argument. Ausschlaggebend ist, dass er Verdi sympathisch ist. Was Verdi und Boito angenehm ist, ist dem Verwalter des Krankenhauses eher unangenehm: Der Spender wohnt ganz nahe dabei. Und kontrolliert, ob alles nach seinen Wünschen geschieht. Er hört sich um unter all den Leuten, die bei ihm arbeiten, ob das Krankenhaus denn auch etwas tauge. Zu einem guten Krankenhaus gehört natürlich gute Verpflegung. Und daran hapert es offenbar bei Verdis leidenden Nachbarn. Empört schreibt Verdi an Signor Boriani, den Leiter des Krankenhauses in Villanova, er habe gehört, „1. dass das Essen karg ist; 2. dass der Wein noch kärglicher ausgeschenkt wird (dabei ist er im Keller vorrätig); 3. dass man die Milch völlig überzahlt und dass sie minderwertig ist; 4. dass man das gewöhnlichste Öl verwendet und dass es daher schädlich als Nahrung wie für die Beleuchtung ist; 5. dass man halb verdorbenen Reis ins Essen mische und schwarze Pasta anschaffe."

Die Idylle ist eine empfindliche Sache. Schnell kann Ruhe in Langweile umschlagen, Abgeschiedenheit in Einsamkeit, Gelassenheit in Depression. Sant'Agata liegt im Niemandsland. Und Verdi tut viel, er tut alles für seine Freunde, um ihnen zu beweisen, wie wichtig sie ihm sind. *A un vero amico* – „Einem wahren Freund" – ist in die aristokratische Stele gemeißelt, die auf einem kleinen Hügel in Verdis Garten steht.

Fürsorgliche Liebe für die Dorfbewohner: Um ihnen den weiten Weg zum nächsten Krankenhaus zu ersparen, stiftete Verdi das „Ospedale per i poveri" – das Hospital für die Armen in der Gemeinde Villanova d'Arda, zu der Sant'Agata gehört.

Sein engster Freund, das wissen Verdi-Kenner, war der Graf Opprandino Arrivabene. Er liegt hier zwar nicht begraben, aber er wusste am besten Bescheid über das zarte Wesen, das dort unter der Erde liegt und dessen zauberhaftes Porträt mit einer Schleife im Haar im Schlafzimmer hängt. Er könnte auch davon erzählen, dass Verdi mit diesem zerbrechlichen lockigen Geschöpf weite Spaziergänge machte, aber es dabei meistens in seinen Mantel einwickelte, damit es sich bestimmt nicht erkälte oder überanstrenge. Wie dramatisch für Verdi der Tod des kleinen Lieblings war, verrät ein Brief an Angelo Mariani vom 1. August 1862. Mariani wollte eigentlich einen prominenten Gast, den auf Italienreise befindlichen Minister

A un vero amico

Zärtliche Liebe zu Loulou: Für sein Malteserhündchen empfand Verdi noch mehr als für alle anderen Haustiere. Er ließ Loulou nicht nur von Palizzi porträtieren, er setzte ihm auch noch ein Denkmal.

Hudson, mit zu Verdis bringen, aber angesichts der traurigen Ereignisse rät Verdi davon ab. „Der Himmel weiß, wie glücklich und geehrt ich mich fühlen würde, in meinem Haus diesen Menschen zu empfangen, den ich so sehr liebe und achte. […] Aber, mein lieber Mariani, in meinem Haus herrscht jetzt die Verzweiflung." Verdi macht keinen Hehl aus seinen Gefühlen. „Ein Unglück, ein für uns sehr schweres, hat uns getroffen und erschüttert uns tief: Loulou, der arme Loulou, ist tot. Das arme Tierchen! Der wahre Freund, der treue, unzertrennliche Gefährte in fast sechs Jahren des Lebens! So zärtlich, so schön! Armer Loulou! Es ist schwer, Dir Peppinas Schmerz zu schildern, aber Du kannst ihn Dir denken. Faschini, der während der Krankheit des armen Tierchens fünf, sechs Tage hier war, muss recht gelangweilt und verstimmt gewesen sein."

Die Verdis wissen, dass Gäste ihr Haus beleben müssen, wenn sie dort nicht wunderlich werden wollen in ihrer Weltabgeschiedenheit. Noch im hohen Alter betont Verdi, dass sein Haus durchgehend offen sei für alle Freunde. „Wissen Sie", schreibt im August 1893 der 80-Jährige an Mascheroni, „dass Sie hier immer willkommen sein sollen, bei jeder Gelegenheit, zu jeder Zeit, in jeder Stunde." Aber Verdi befürchtet, die Gäste könnten, wenn sie das erste Mal anreisen, enttäuscht sein. Denn spektakulär oder auch nur mondän ist an dieser Villa gar nichts. „Wenn Sie mich mit einem Besuch beehrten", warnt Verdi den Kritiker Filippo Filippi, der ein Buch über ihn plant, „würden Sie in Ihrer Eigenschaft als Biograph beim besten Willen recht wenig Material finden, um von den ‚Wundern Sant'Agatas' zu berichten. Vier Mauern, um sich gegen die Sonne und die Unbilden der Witterung zu schützen; ein paar Dutzend zum großen Teil von meiner Hand gepflanzte Bäume und eine Pfütze, die ich mit dem Titel See beehren will, wenn ich Wasser haben werde, sie zu füllen."

Das Heimische und das Exotische: Verdi machte aus seinem Garten durch Bananenstauden und andere aus Übersee importierte Bäume eine verwirrende, aber üppige Oase.

Er erklärt auch bereitwillig jedem, der sich darüber wundert, warum er Sant'Agata so bescheiden lässt: „Alles ist ohne Plan, ohne architektonische Ordnung; aber nicht, weil ich die Architektur nicht liebe, sondern weil ich Missklänge verabscheue und es ein sehr großer Missklang gewesen wäre, an einem so wenig poetischen Ort etwas sehr Künstlerisches zu machen." Da ist er 52 und hört noch lange nicht auf, wie ein Besessener an dem Gut herumzubasteln. Und sechzehn Jahre später hat sich da wohl doch einiges geändert. Denn im Frühling 1881 schwärmt er Arrivabene vor: „Sähest Du das Haus, Du würdest es gar nicht wieder erkennen."

Wer zu Gast ist bei den Verdis, sieht das Ganze ohnehin mit dem verklärenden Blick der Bewunderung für den Maestro. Und sieht gerade in der Uneitelkeit des Hauses seine Einzigartigkeit. „Die Ausstattung", erzählt der Dramatiker Giuseppe Giacosa, „ist reich, aber ohne Pomp und auch ohne Sparsamkeit; sie ist reich im Sinne jenes gesetzten und ruhigen Reichtums, der nicht bemüht ist, etwas vorzustellen. Es gibt Bilder von Morelli und Michetti, antike Stiche, Möbel mit Intarsien und Verzierungen, eine schöne Bibliothek, seltene Ausgaben, die originellsten Alben, Sammlungen, künstlerische Erinnerungen; aber alles ist eingerichtet, ins

Auge zu fallen, ohne den Blick zu bestürmen. Niemand kommt es in den Sinn, dem Hausherrn die Bewunderungsführung vorzuschlagen, die wie die Eintrittsgebühr in gewissen prunkvollen Villen ist."
Ein Angeber war Verdi nie und in nichts. Untertreiben macht ihm allerdings Spaß. „Wisst Ihr", schreibt er den Maffeis, „dass dieser mein so genannter Garten aus 12 Weiden, 18 Platanen und 24 Rosen besteht. Ich habe Blumen sehr gerne, aber um schöne zu haben, braucht man einen großen Gärtner." Und das ist in Verdis Augen kaum einer. Dass hier, auf Sant'Agata, all jene Epidemien und Hysterien, die damals schon Großstädte durchseuchen, nicht eindringen, darauf ist Verdi stolz. Als Boito ankündigt, dass er mit Giacosa zu Besuch kommen wird, fühlt er sich bemüßigt, bei dem greisen Gastgeber ein Gesundheitsattest abzugeben: „Giacosa wird aus dem Aosta-Tal kommen, wo es keine Cholera gibt, und wird mich in Mailand antreffen, wo die öffentliche Gesundheit Gott sei Dank bestens ist. Also bringen wir auch nicht einmal die kleinste Bakterie mit uns." Aber Verdi antwortet nur amüsiert: „Wir haben hier nicht so viel Angst vor Bakterien! Ihr werdet nicht einmal mit Chlorid oder Karbol verpestet."

Der Anspruch und das Anspruchslose: hohe Bäume, hübsche Parkbauten und viel Platz. Aber trotzdem ein recht schlichtes Paradies für einen Weltstar.

Sant'Agata ist eine Oase. Keine der Schönheit, aber eine der Gelassenheit – für die Gäste zumindest, die von dem Ärger, den Verdi mit all seinen Leuten hat, nichts mitbekommen. „Im Geiste empfinde ich noch immer den großen und lieben Frieden von Sant'Agata", bedankt sich Arrigo Boito nach einem seiner ausgiebigen Besuche. Und um diesen Frieden und die Abgeschiedenheit von Sant'Agata zu wahren, zu bewahren vor den Schwärmen der Verehrer und Bittsteller, ist Verdi höchst vorsichtig in der Auswahl seiner Gäste. Feinfühlige Menschen spüren es, dass es etwas Besonderes ist, in diesem mäßig vornehmen und mäßig schön gelegenen Haus in der Einöde eingeladen zu sein. Im Sommer 1880, als Boito und Verdi längst eng zusammenarbeiten, hatte der Librettist offenbar immer noch Hemmungen gehabt, dorthin zu reisen. „Wie ich seinen Charakter und seine Denkweise kenne", mutmaßt Ricordi Giuseppina gegenüber, „glaube ich bestimmt, dass die Angst, sein Kommen könnte für ein Zeichen von taktloser Neugier gehalten werden", ihn davon abhalte. Lange hat Boito schließlich nicht einmal seine Briefe Verdi direkt zukommen lassen,

nur über Umwege, weil er unendliche Scheu hatte, in die Aura des Genies einzudringen. Noch im September 1885 schreibt er aus Mailand: „Lieber Maestro, der Wunsch, Sie wieder zu sehen, ist groß, aber die Furcht, Sie zu stören, ist ebenso groß. Wenn Sie mir versichern, dass ich Sie nicht belästige, entschließe ich mich, nächsten Sonntag in Sant'Agata hereinzuplatzen; aber wenn mein Kommen die schöne Ruhe Ihres Hauses oder, was noch schlimmer wäre, den Verlauf Ihrer Arbeiten im Geringsten stören könnte, müssten Sie es mir mit Ihrem Freimut, der mir so gut gefällt, offen sagen, und ich wäre ebenso froh über Ihr ehrliches Wort wie über Ihre freundliche Gastlichkeit."

Die Lust am Schnörkel: Verdi hat eine opernhafte Freude am Opulenten und Verzierten. Für ihn, den Sohn aus kleinen Verhältnissen, ist das Symbol eines gewissen Reichtums.

Aber Verdi beruhigt ihn. „Ihr könnt niemals stören!" Und gesteht, Boito habe gar keine Chance, ihn beim Arbeiten zu stören. Weil er gar nichts arbeite. „Ein bisschen standen mir das Land, die Bäder, die ungewöhnliche Hitze, und [...], sagen wir's nur, meine unvorstellbare Faulheit im Wege."

Giuseppina ist ganz froh, wenn er faul ist. „Wenn er arbeitet", verrät sie einmal, „hat er nämlich eine Laune – unausstehlich!" Davon bekommen die Gäste nichts mit. Giuseppe Giacosa, den Boito mitschleppt zu den Verdis, ist nicht weniger beeindruckt als sein Freund, dass ihm diese Ehre zuteil werden soll. Und legt das Erlebnis sicherheitshalber schriftlich nieder für die ganze Welt und vor allem die Nachwelt. „Die geräumige und stille, hinter sehr dichten und hohen Bäumen verborgene Villa verrät die langjährige Gewohnheit jenes gastlichen Wohlstands, der auf ein erlesenes Bedürfnis nach Bequemlichkeit deutet und es befriedigt, ohne den Eindruck zu erwecken, dass man sich zu mühen und dauernd auf der Hut zu sein hat. Kaum eingetreten, spürt Ihr, dass dieses Haus Euch freundlich ist; schon nach einer halben Stunde könntet Ihr als Gast überall in ihm herumgehen, als hättet Ihr seit zehn Jahren darin gewohnt. So sauber und elegant, wie es ist, wirkt es nirgendwo neu und dürfte selbst in seinen ersten Tagen nie so gewirkt haben." Was Giacosa besonders gefällt, ist, dass bei den Verdis alles recht unangestrengt wirkt. Um nichts wird hier ein Brimborium veranstaltet, am allerwenigsten um die kostbare Schaffenskraft des Hausherrn. Verdi braucht keine Isolierzelle, um die Musik in seinem Kopf zu Papier zu bringen: Er komponiert, wie andere den Kamin anfeuern oder Steaks braten. Auf die Rückseite einer Lieferanten-Rechnung schreibt er eine Hymne für die *Aida*. „Der Hausherr ist wie das Haus: gastlich, ohne sich zu bemühen, übertriebenen Aufwand zu machen. Eure natürliche Sorge, ihm zur Last zu fallen, wird vom Ende des ersten Tages an beruhigt, an dem Ihr die Befriedigung empfindet, ihn sein Leben Euretwegen nicht im Geringsten ändern zu sehen. Aber am zweiten, am dritten Tag – vorausgesetzt, dass er immer erscheint, wenn Ihr ihn finden wollt – könnt Ihr ihn zu jeder Stunde durch offene Türen konzentriert bei Beschäftigungen sehen, die man ungeniert unterbrechen darf; denn wenn Ihr in das neben dem seinen gelegene Zimmer kommt und er Euch freundschaftlich grüßt, merkt Ihr, wie er dauernd wachsam und umsichtig Höflichkeit übt, Eurer Zurückhaltung bewusst und entschlossen, Euch den Zweifel zu ersparen, dass Ihr ungebeten kommt."

Die Freude an der Geselligkeit: Freunden, die Angst haben, ihn beim Arbeiten zu stören, nimmt Verdi jede Scheu. Er schließt sich nicht ein beim Komponieren – und genießt die Unterbrechung durch die Mahlzeiten im heimeligen Esszimmer (siehe auch vorhergehende Doppelseite).

Musik für den Gaumen: Die Geräusche von klappernden Pfannen, von Kupfertöpfen und Kasserollen begleiten die stille Arbeit des Komponisten.

Wer immer auf Sant'Agata geliebt wird, wird auch verwöhnt. Manchmal wohl zu sehr. „Blach ist tot", meldet Verdi einmal seinem Freund Arrivabene. „Er war nicht alt, aber er hat zu gut gelebt."
Wie gut es ihm gegangen ist, wissen wir aus dessen vielen Briefen an den engen Freund Ron-Ron. „Mein Hauspatron, mein Faktotum von Sekretär", schwärmt Blach von seinem herrlichen Dasein auf Sant'Agata, „lässt es an nichts fehlen; die Makronen regnen mir dauernd in den Mund; die großen Knochen sind für mich bestimmt; die Suppe steht bereit, wenn ich aufwache; das ganze Haus steht mir zur Verfügung; jetzt, bei der drückenden Hitze, wechsle ich jeden Augenblick Wohnung und Bett, und wehe dem, der mich anrührt." Blach ist ein schwarzer Hühnerhund – daher der Name, der so geschrieben im Italienischen „black" gesprochen wird; und sein Hauspatron, das Faktotum, ist Verdi, der für Blach als Sekretär die Korrespondenz mit Ron-Ron erledigt, für den dessen Sekretär Arrivabene das Gleiche tut. Zu tun hat der verwöhnte Blach offenbar wenig: „In meinen glücklichsten Stunden beschäftige ich mich mit der Erziehung eines jungen Katers, dessen Fortschritte mich sehr zufrieden stellen. Wenn er nicht eines Tages erwürgt wird, wird er von sich reden machen wie ein ganz abgefeimter Ganove. [...] Du siehst, mein geliebter Bruder, dass hier alles wunderbar nach meinen Ratschlägen und hohen Wünschen geht." Immer wieder versucht er, den brüderlichen Freund für die Vorteile des Landlebens zu begeistern. „Hier lieferst Du Dich nicht der Gefahr aus, an Cholera zu erkranken oder den Narren aus den Städten zu begegnen, hier gibt es eher ein sattes Maß an Dummköpfen, denen wir Schlag um Schlag einige Pfotenhiebe versetzen, um sie zur Vernunft zu bringen." Man hört da wohl Verdi selbst sprechen.

Wie sein Hauspatron Verdi ist Blach ausgesprochen gastfreundlich. „Du hast sehr übel daran getan, mich nicht zu besuchen", beschwert er sich einmal, „denn ich hätte Dich mit ausgebreiteten Pfoten und offenem Rachen empfangen und, meine vier Zähne auf Deine mollige Wange drückend, Dir all meine hundebrüderliche Zärtlichkeit bewiesen."
Blach muss es Gott sei Dank nicht mehr erleben, wie Frieden in Einsamkeit, Stille in Trostlosigkeit umschlagen kann. Wie sein gastfreundlicher Patron vereinsamt, schon deshalb, weil er viele seiner Freunde, auch seine deutlich jüngeren, um Jahre und Jahrzehnte überlebt. Auch weil die Be-

schwerden des Alters ihn nicht verschonen. „Ihr werdet verstehen, dass Sant'Agata, wenn es früher langweilig war, heute sehr traurig ist!" schreibt er an Boito, kurz vor Peppinas Tod. „Wenn Ihr kommt und den Mut habt, so viele Gebrechen in Kauf zu nehmen, werdet Ihr stets willkommen sein und ein Werk der Barmherzigkeit tun." Und Boito, der Verdis Freundschaft als das größte Geschenk in seinem Leben betrachtet, kann sich bedanken; an dem ersten einsamen Weihnachten, an dem der alte Meister noch dazu in Sant'Agata herumhängt, weil dem die Fahrt nach Genua mit seiner kranken Frau nicht mehr möglich ist, reist er an.

Die Stimmung in Sant'Agata wird immer bedrückter, je mehr Verdis Leben sich dem Ende zu neigt. „Hier langweile ich mich sehr", meldet er Boito im Juni 1898. Und schreibt gleich danach, an demselben Tag, noch einen zweiten Brief, in dem er Arrigo und Camillo anbietet, zu kommen – er hat von dem Tod Madoninas, der Frau Camillos, erfahren. „Wenn mein armes Haus Euch etwas Tröstung bieten könnte, so erwarte ich Euch mit offenen Armen."

Teresa immerhin darf nun endlich Frau Verdi spielen und lässt den alten Mann nie lange alleine. „Ihr werdet", schreibt er Arrigo am 12. Oktober 1898, „hier noch für zwei Tage die Stolz, meine Nichte und ihre Tochter finden – sonst nichts!" Da steigen wahrscheinlich oft die Bilder der Vergangenheit vor ihm auf, als in Sant'Agata Dichter und Sänger, Dirigenten und Journalisten sich um den Esstisch drängten. Und erlebten, dass dieses herzerfrischende Genie sich nicht von göttlichen Eingebungen ernährte. Sondern von deftiger und guter Küche.

Parfum für die Seele: Küchendüfte durchziehen die Villa Verdi den ganzen Tag. Denn die Mahlzeiten sind schlichte, aber wichtige Rituale für Giuseppe und Giuseppina.

Dolci

Süßspeisen

Sbrisulona parmense

Krümeltorte nach Art von Parma

200 g Haselnüsse, grob gehackt, 200 g Mehl,
200 g Butter, in kleine Würfel geschnitten,
200 g Zucker, 1 Eigelb und 1 Ei, leicht verquirlt,
abgeriebene Schale von 1 Zitrone,
Salz, Butter und Mehl für die Form

Die Haselnüsse auf einem Backblech im Ofen oder in einer Bratpfanne ohne Fett ca. 8 Minuten hellgelb rösten. Das Mehl mit dem Salz, den Haselnüssen, dem Zucker und der Zitronenschale vermischen. Auf die Arbeitsfläche häufen, eine Mulde in die Mitte drücken, die nicht zu harten Butterwürfel hineingeben. Das Ei und das Eigelb zugeben und alles zügig zu einem Teig verarbeiten.

Eine Springform von ca. 30 cm Durchmesser ausbuttern und mit Mehl ausstäuben. Die Teigmasse einfüllen und bei 190 °C ca. 30 Minuten lang bei Unterhitze backen. Dann den Kuchen entnehmen, abkühlen lassen, vorsichtig auf ein Gitter stürzen und mit einem sauberen Küchentuch abdecken, damit er nicht austrocknet. Vor dem Servieren mit einem Sägemesser sehr sorgsam aufschneiden, damit er nicht zerfällt.

Budino di riso dell'Artusi

Reispudding nach Artusis Art

1 l Milch, 2 Vanillestangen, 150 g Milchreis,
100 g Zucker, 100 g Sultaninen,
30 g kandierte Früchte, fein gehackt,
1 Prise Salz, abgeriebene Schale von 1 Zitrone,
2 Eier, 2 Eigelbe, 250 ml Weinbrand,
3 EL Butter für die Form, 4 EL Semmelbrösel

Zu Verdis Landsmann Pellegrino Artusi wird im Text so viel erzählt, dass hier nur erwähnt sei: Dieser Pudding ist allen italienischen Einheitsbemühungen zum Trotz ein typisches und klassisches Dessert der Emilia-Romagna geblieben.

Die Milch mit den Vanillestangen zum Kochen bringen, den Reis zugeben und bei geringer Hitze 10 Minuten garen. Zucker, Sultaninen, kandierte Früchte, Zitronenschale, Salz und Butter zugeben und gut verrühren. Ist der Reis gar, vom Herd nehmen, abkühlen lassen, erst dann Eier und Eidotter unterrühren, danach den Weinbrand.

Nun die Puddingform mit Butter gut ausfetten, mit Semmelbröseln ausstreuen und die Reismischung einfüllen. Im vorgeheizten Ofen bei 180 °C ca. 35 Minuten backen. Auf eine runde Platte stürzen und warm servieren.

Torta di capelli d'angelo

Engelshaar-Torte

225 g Ricotta, 3 Eigelbe, 3 Eiweiß, 100 g Zucker,
abgeriebene Schale von 1 Zitrone,
100 g kandierte Früchte, grob gehackt,
100 g Mandeln, gehackt und in Butter geröstet,
200 g Capelli d'angelo (sehr feine Fadennudeln), Salz

Die Ricotta durch ein Sieb streichen. Gründlich mit den 3 Eigelben, dem Zucker, der Orangenschale, den kandierten Früchten und der Hälfte der Mandeln vermischen. Die Fadennudeln 2 Minuten in leicht gesalzenem sprudelnd kochendem Wasser kochen, abgießen und mit der Ricottamischung vermengen. Abkühlen lassen und dann vorsichtig das steif geschlagene Eiweiß unterheben.

Eine Springform ausbuttern und mit den restlichen Mandeln ausstreuen. Die Ricotta-Nudel-Masse hineinfüllen und im vorgeheizten Ofen bei 180 °C ca. 1 Stunde backen. Aus der Form auf eine Platte stürzen und sofort servieren.

Zuppa all'emiliana

Biskuit-Creme-Kuchen nach Art der Emilia

3 Eigelbe, 100 g Zucker, 75 g Mehl, 3/4 l lauwarme Milch, 150 g Halbbitterschokolade, grob geraspelt, 1 Biskuitkuchen von ca. 350 g, in dünne Scheiben geschnitten, 200 g Sauerkirschmarmelade, Alchermes (ein roter italienischer Kräuterlikör), Maraschino oder ein anderer Kirschlikör

Eigelb und Zucker in einer hitzebeständigen Schüssel schaumig schlagen, dann nach und nach das Mehl unterrühren; es dürfen sich keine Klümpchen bilden. Nun unter ständigem Rühren die Milch zugießen. Jetzt wird die Schüssel auf einen Topf mit siedendem Wasser gesetzt und der Inhalt unter dauerndem Rühren erhitzt, bis die Mischung zu einer dicken Creme wird. Die Hälfte davon wird in eine zweite Schüssel gefüllt. Nun werden die Schokoladenraspel in die erste Schüssel gegeben, die wieder auf den Topf mit siedendem Wasser gestellt wird. Unter Rühren wird dort die Masse so lange erwärmt, bis die Schokolade geschmolzen ist.

Eine Springform von 26 cm Durchmesser mit Butter ausfetten und den Boden mit Biskuitscheiben auslegen. Diese Scheiben mit Hilfe eines Pinsels gut mit Likör tränken. Darauf wird nun die abgekühlte helle Creme gestrichen und darüber eine Schicht Marmelade und dann eine Schicht Schokoladencreme verteilt. Nun den Kuchen nochmals ganz mit Biskuitscheiben bedecken, die wieder mit Likör getränkt werden. Die Zuppa in der Form für 4 Stunden kalt stellen. Erst direkt vor dem Servieren auf eine Platte stürzen.

Was in Italien die minestrone von der zuppa unterscheidet, ist das Brot: Wird es unten in den Suppenteller gelegt oder eingebrockt, handelt es sich bei der Suppe um zuppa. Die „Englische Suppe", die zuppa inglese, heißt aus demselben Grund so: weil das Biskuit sich dabei mit Likör voll saugt wie das Brot mit der Suppe. Und dies tut auch die zuppa all'emiliana. Sie ist weniger bekannt als die englische Schwester, aber mindestens genauso köstlich.

Bosilàn ~ Biskuit in Süßwein

110 g Butter, 2 Eier, 1 Eiweiß, 130 g Zucker, 1 Prise Salz, abgeriebene Schale von 1 Zitrone, 5 EL Milch, 1 TL doppelkohlensaures Natron, 250 g Mehl, ½ Tütchen Backpulver, 1 Eigelb, verquirlt, 20 ganze Mandeln, 1 Flasche italienischer Süßwein

Ciambella al vino dolce nennt sich dieses Süßspeise auch. Ciambella heißt in Italien die Brezel, aber auch ein Kranz oder Kringel, der süß wie salzig sein kann. Dass eine Ciambella nicht immer perfekt gelingt, beweist ein altes Idiom: Non tutte le ciambelle riescono col buco bedeutet „Nicht alles fällt nach Wunsch aus."

Etwas Butter (ca. 5 g) zerlassen und eine Springform von 25 cm Durchmesser damit ausstreichen. Den Backofen auf 180 °C vorheizen. Die Eier, das Eiweiß, 100 g von dem Zucker und eine Prise Salz schaumig schlagen, bis eine dicke weißliche Creme entsteht. Nun die restliche Butter auf kleiner Flamme schmelzen und lauwarm in die Eicreme rühren. Zitronenschale zugeben. Die Milch leicht erwärmen und das Natron darin auflösen.

Das Mehl in eine große Schüssel sieben, das Backpulver sorgfältig darunter mischen und eine Vertiefung in die Mitte drücken. Dort hinein wird nun die Eicreme und ein wenig von der Milch mit dem Natron gegossen. Gut miteinander verrühren und dabei nach und nach die restliche Milch zugeben, bis ein geschmeidiger, aber nicht zu dünnflüssiger Teig entsteht. Dieser wird nun mit dem Holzlöffel kräftig so lange durchgeschlagen, bis er Blasen wirft.

Den glatten Teig als Hügel in eine Springform füllen, die Oberfläche mehrmals mit dem verquirlten Eigelb bestreichen und dann mit scharfem Messer konzentrische Ringe hineinritzen. Mit den Mandeln spicken, mit dem übrigen Zucker bestreuen und bei 180 °C 30 Minuten lang golden backen. Den Kuchen entnehmen, den Rand der Springform entfernen, den Boden vorsichtig ablösen und den Biskuitkuchen auf einem Gitter auskühlen lassen. Dann in eine Blechdose oder in Alufolie verpacken und zwei Tage ruhen lassen.

Vor dem Anrichten die Ciambella in 3 cm dicke Streifen schneiden, einzelne Portionen auf Desserttellern anrichten und mit je einem Glas Süßwein servieren, in das der Kuchen eingetaucht wird.

Bensone ~ Segensbrot

500 g Mehl, 150 g Zucker, 1 Prise Salz,
abgeriebene Schale von 1 Zitrone, 3 ½ TL Backpulver,
150 g Butter, in Flöckchen, 3 Eier, leicht verquirlt, 3 EL Milch,
Butter und Mehl für das Backblech, 120 g Hagelzucker

Das Mehl in eine Rührschüssel sieben, Zucker, Backpulver, Zitronenschale und Salz untermischen und alles zusammen auf eine Arbeitsfläche geben. Eine Mulde in die Mitte drücken, Butter und Eier hineingeben und mit den Fingern unter das Mehl arbeiten, dann nach und nach 3 EL Milch hinzufügen und ebenfalls einarbeiten. Rasch zu einem glatten Teig verkneten, zu einer Rolle formen und diese in S-Form auf ein gebuttertes und mehlbestäubtes Backblech legen. Mit dem restlichen verquirlten Ei bestreichen und mit Hagelzucker bestreuen. Den ganzen Kuchen der Länge nach in der Mitte mit einem scharfen Messer leicht einschneiden und bei 180 °C im vorgeheizten Ofen 40 Minuten lang goldbraun backen.

Auf einem Kuchengitter vor dem Servieren 10 Minuten abkühlen lassen. Wird der Bensone als Dessert serviert, kann man ihn, wie in Modena üblich, in sein Lambrusco-Glas stippen. In anderen Gegenden wird er mit Mostfrüchten serviert oder gefüllt.

Seit 700 Jahren wird in Modena dieser Kuchen mehr oder weniger nach diesem Rezept gebacken, nur das Backpulver ist eine moderne Zutat. Der goldbraune Kuchen war das klassische Festtagsgebäck zum 1. Dezember, dem Tag, an dem die Gold- und Silberschmiede ihren Schutzheiligen Eligius von Noyon feierten, der Goldschmied und Münzmeister am Merowingerhof gewesen war. Ihnen wurde der Kuchen dann mit den besten Wünschen überreicht. Daher vermuten Etymologen, dass die Bezeichnung *bensone* sich ableitet vom französischen *pain de benisson* – Brot des Segens –, woraus analog zum *panettone* dann ein *bensone* wurde.

Spongata ~ Weihnachtskuchen

Für die Füllung:
130 g Walnüsse, 100 g feine Semmelbrösel,
300 g dickes Kompott oder Konfitüre (z.B. von Pflaumen),
500 g flüssiger Blütenhonig, 1/8 l Wasser,
100 g in Rum eingeweichte und abgetropfte Sultaninen,
120 g Pinienkerne, 1 Messerspitze gemahlener Zimt

Für den Teig:
300 g Mehl, 100 g Zucker, 1 Prise Salz,
abgeriebene Schale von 1 unbehandelten Zitrone,
abgeriebene Schale von 1 unbehandelten Orange,
150 Butter in Flöckchen, 1 ganzes Ei, 2 Eigelbe, Puderzucker

Walnüsse fein hacken. Die Semmelbrösel auf einem leicht gebutterten Backblech verteilen und im Backofen bei 160 °C leicht bräunen. Die Früchte im Kompott oder in der Konfitüre fein hacken und zusammen mit Walnüssen und Semmelbröseln in eine Rührschüssel geben. In einer kleinen Kasserolle Honig und Wasser langsam erhitzen und zum Kochen bringen, dann in die Rührschüssel gießen und alles gut miteinander vermengen. Nun die Rosinen, Pinienkerne und den Zimt darunter rühren. Die Schüssel mit dieser Füllung mit einem Tuch bedecken und an einem kühlen Ort, aber nicht im Kühlschrank, 3 Tage ruhen lassen.

Für den Teig das Mehl in eine Rührschüssel sieben, Zucker, Salz, Zitronen- und Orangenschale dazugeben. Alles vermischen. Das Ganze als Hügel auf eine Arbeitsfläche schütten, eine Mulde in die Mitte drücken, die Butterflöckchen dort hineingeben und mit den Fingerspitzen unterarbeiten, so dass eine bröselige Masse entsteht. Nun das Ei und die Eigelbe zugeben und rasch zu einem glatten Teig verkneten. Daraus eine Kugel formen, die in Frischhaltefolie gewickelt (früher nahm man ein feuchtes Tuch) eine Stunde im Kühlschrank ruhen muss.

Danach den Teig in zwei verschieden große Portionen teilen und diese zu zwei runden Teigplatten von 24 und 28 cm Durchmesser ausrollen. Das Backblech mit Backpapier bedecken, die kleinere Teigplatte darauf setzen, mit der noch einmal durchgerührten Füllung bedecken und darauf die größere Teigplatte legen. Nun rundum die Teigränder fest zusammendrücken und überstehende Reste abschneiden. Im vorgeheizten Ofen bei 190 °C 25 Minuten lang backen. Den Kuchen abkühlen lassen und durch ein Sieb reichlich Puderzucker darüber stäuben.

In Verdis Heimat, der Bassa, speziell in Busseto und im nahen Brescello, heißt diese Torte spongäda und war schon in der Renaissance die klassische Nachspeise an Weihnachten. Berühmter Beleg dafür ist ein Werk des emilianischen Dichters Alessandro Tassoni, der 1565 in Modena zur Welt kam und dort sein Leben verbrachte; in Secchia rapita („Der geraubte Eimer“) ist von „cinquanta perfettissime spongate“ – von fünfzig vollkommenen Spongata-Kuchen – die Rede. Ähnliche Süßspeisen haben schon die Römer hergestellt. Aber ursprünglich soll die spongata jüdischen Ursprungs sein. Noch heute gibt es in der Emilia viele Varianten dieses einfachen und köstlich duftenden Gebäcks, bei denen die Zutaten der Füllung abgewandelt werden.

Fragole all'aceto balsamico

Erdbeeren, mariniert in Balsamessig

1 kg kleine aromatische Erdbeeren,
noch besser Walderdbeeren,
4 EL alten Aceto balsamico (10 Jahre oder älter),
4–5 EL Zucker

Erdbeeren nur kurz abbrausen, abtropfen lassen und die Stiele abzupfen. In eine flache Schüssel geben, mit dem Zucker bestreuen, den Balsamessig darüber träufeln und sehr vorsichtig mischen. 1 Stunde ziehen lassen. Vor dem Servieren eine Viertelstunde kühl stellen.

Torta nera ~ Schwarze Torte

250 g Mehl, 1 Prise Salz, 75 g Zucker,
2 TL Backpulver, 130 g Butter, in Flocken,
2 Eigelbe, 2 EL Sassolino oder Rum
Für die Füllung:
175 g Mandeln, fein gehackt und geröstet, 160 g Zucker,
80 g Kakao, 2 Eigelbe, 75 ml kalter Espresso

Das Mehl in eine Rührschüssel sieben, mit Salz, Zucker und Backpulver vermischen und auf die Arbeitsplatte häufen. Eine Mulde in die Mitte drücken, die Butter hineingeben, mit den Fingerspitzen unterarbeiten, so dass eine krümelige Masse entsteht. Die Eigelbe und den Likör zugeben und alles zu einem geschmeidigen Teig verarbeiten.

Für die Füllung die gerösteten Mandeln in einer Schüssel mit Kakao und Zucker vermischen, dann Eigelbe und Espresso unterrühren. Den Teig für eine Springform von 25 oder 26 cm so ausrollen, dass sich ein Rand ergibt. Die Springform ausbuttern und mit Mehl ausstäuben. Mit dem Teig auskleiden und mit den Fingern Wellen in den Rand drücken, dann die Füllung auf dem Boden verteilen, ohne sie glatt zu streichen. Im vorgeheizten Ofen bei 180 °C 35 Minuten backen und warm servieren. Vorsicht beim Entnehmen: Der Kuchenboden zerbricht leicht.

Belga ~ Belgier

1 l Sahne, 120 g Zartbitterschokolade, frisch gerieben
(ersatzweise gekaufte Bitterschokoladeraspeln),
120 g Zucker, 5 Eier,
100 ml Maraschino oder anderer Kirschlikör,
100 ml Orangenlikör, Karamellsauce

Die Sahne in ein hohes, hitzebeständiges Gefäß füllen, die geriebene Bitterschokolade und den Zucker langsam unter Rühren zugeben. Alles im Wasserbad erhitzen. Währenddessen den Kirschlikör, den Orangenlikör und die Eier gründlich verquirlen. Nun die heiße Sahne vom Herd nehmen und vorsichtig unter Rühren zu der Ei-Likör-Mischung gießen.

Eine Puddingform mit der Karamellsauce auskleiden, die Creme einfüllen und 30 Minuten im Wasserbad garen.

Die schon zu Verdis Zeit berühmte belgische Schokolade hat diesem Dessert wahrscheinlich seinen Namen eingebracht. Doch zu Hause ist diese Schokoladencreme in der Emilia.

Ciliege al lambrusco

Kirschen in Lambrusco

600 g entsteinte Kirschen
Für den Sirup:
2 dl trockener Lambrusco, 3 EL Zucker,
abgeriebene Schale von 1 Zitrone,
2 Gewürznelken, 1 Zimtstange

Die Zutaten für den Sirup in einer Kasserolle unter dauerndem Rühren aufkochen und weiter köcheln lassen, bis sich der Zucker völlig aufgelöst hat. Zimtstange und Nelken entfernen. Die Kirschen in den Sirup geben, 10 Minuten mitkochen, dann die Früchte mit dem Schaumlöffel entnehmen und beiseite stellen. Nun den Sirup auf die Hälfte seines Volumens einkochen. Die Kirschen wieder zugeben, alles abkühlen lassen und zu Vanilleeis oder *pasta frolla* (Mürbeteiggebäck) servieren.

Der Lambrusco wird außerhalb seiner Heimat oft verkannt. Nicht nur, dass er eine große Vergangenheit hat – schon die Etrusker liebten ihn als *lambrusca* –, er wird dort generell sortenrein gekeltert. In den heimatlichen Provinzen wird er auch nicht wie bei uns pauschal als Zweiliterkracherl abqualifiziert, es wird vielmehr fein differenziert nach verschiedenen Anbauarten und Charakteren, je nach Provenienz. In der Emilia gibt es vier DOC-Bereiche: Lambrusco Salamino di Santa Croce, Lambrusco Grasparossa di Castelvetro und Lambrusco di Sorbara, die allesamt trockene Versionen liefern, und Lambrusco Reggiano, der unter *amabile* – lieblich – läuft. Der leicht süße aus Reggio ist als Dessertwein geeignet, die anderen mit ihrer durchaus markanten Säure sind perfekte Begleiter zu den emilianischen Spezialitäten, vor allem zu Parmaschinken oder *culatello di Zibello*. Mehr dazu siehe unter „Weine", Seite 210.

Pere cotte

Gekochte Birnen

4 große, reife Birnen,
1 Flasche Rotwein,
4 Gewürznelken, 1 Stange Zimt,
2 Lorbeerblätter, 150 g Zucker

Ein erklärtes Lieblingsgericht von Verdi. Ob er es mit Lambrusco liebte oder seinem Hauswein aus dem Chianti, ist nicht bekannt.

Die Birnen schälen, unten gerade schneiden und aufrecht in einen engen Topf stellen. Bis fast zum Stielansatz mit Rotwein bedecken, Gewürze und Zucker zugeben und den Wein zum Kochen bringen. Einmal aufwallen lassen, dann eine Stunde sachte simmern. Wenn die Birnen gar sind, aus dem Wein nehmen, auf separate Teller geben und mit dem eingedickten Sud überziehen. Mit Schlagsahne und Gebäck servieren.

Alles fließt: Der träge Po (vorhergehende Doppelseite) gibt das Tempo vor, in dem hier gelebt wird. Hier lässt man den Dingen Zeit, zu reifen.

Die Genüsse auf Sant'Agata

Risotto von Verdi und Chianti vom Minister

Natürlich erkennt der Kellner im Albergo del Sole den prominenten Gast. Und er hat sich schon daran gewöhnt, dass der immer einen Sonderwunsch hat. Jedes Mal, wenn Verdi auf dem Markt von Cremona seine Geschäfte als Landwirt erledigt hat, bestellt er sich eine *Costoletta milanese*. Jedes Mal ruft er dem Kellner hinterdrein: „Und denken Sie dran: viel Butter." Aber der Kellner legt selbstverständlich seine Freundlichkeit nicht ab. Schließlich verdankt der Albergo Verdi eine unbezahlbare Touristenwerbung. 1882 stand im Baedeker zu lesen, das Haus selbst sei zwar mittelmäßig, aber es sei ein Lieblingslokal von Verdi. Das spricht nicht gegen Verdis Geschmack, es spricht eher dafür, dass den Baedeker-Autoren die Küche der Emilia wahrscheinlich zu wuchtig war. Schließlich geht es den Reisenden heute nicht anders, denn was dort auf den Teller kommt, ist so gar nicht das, was man sich von italienischer Kost üblicherweise erwartet. Sahne und Butter statt Zitrone und Olivenöl. Gesundheitsschädlich und figurfeindlich muss das allerdings nicht unbedingt sein, denn Verdi zeigt noch im Greisenalter nicht die Spur von einem Bauch. Dabei liebt er gerade die schweren Delikatessen der Heimat.

turon, turass, tatass

Die *torroni*, zum Beispiel, diese harten, orientalisch süßen Riegel aus Eiweiß Zucker und Honig, gerösteten Mandeln, Haselnüssen, Pistazien und anderen Zutaten wie Schokolade oder Feigenstückchen. Oder die *mostarda*, die ihren Namen dem leichten Senfaroma des Sirups verdankt, in den kandierte Früchte eingelegt sind. Und Freunde, die auf Sant'Agata Bekanntschaft schließen mit den regionalen Köstlichkeiten, können gar nicht genug davon bekommen. Vor allem Verdis Herzensfreund Opprandino Arrivabene teilt offenbar dessen Vorlieben. Und bittet schriftlich um ein Care-Paket. Aber Verdi ist nicht klar, was der Freund nun eigentlich will. „Ich zermartere mir das Hirn, was das sein soll, was gut und schön in Cremona ist", antwortet er. „Die *torroni*, die *mostarda* und der *torazzo*. Du lieber Himmel! Du erwartest wohl nicht, dass ich Dir den *torazzo* in einem Brief schicke. Tu mir einen Gefallen; schreib mir, was Du aus Cremona haben möchtest. Ich werde am 20. nach Sant'Agata über Cremona zurückreisen, schreib mir also sofort, so dass Du auch sofort kriegst, was Du wünschst."

Alles schmeckt: Verdis Gäste sind begeistert von den Spezialitäten seiner Heimat. Vor allem von den in Sirup eingelegten Früchten und den berühmten torroni.

Möglicherweise hat Arrivabene davon gehört, dass Cremona für drei Dinge mit „t" berühmt sein soll: *turon, turass, tatass* heißt es im dortigen Dialekt, *torrone, torazzo, tette delle donne* in der Hochsprache – wie die *torroni* jeweils gewichtige Spezialitäten. Beim *torazzo* handelt es sich um den gewaltigen mittelalterlichen Turm in der Stadt, bei den *tatass* um die Brüste der Cremonenserinnen. So gewichtig sind die meisten, aber nicht alle emilianischen Spezialitäten. Das Haus der Verdis muss kein Gast mit frisch angefutterten Pfunden verlassen. Denn neben gewichtigen Saucen, gewaltigen Braten und unwiderstehlichen Desserts gibt es dort viel Gemüse. Das Problem ist nur, dass die wenigsten den reichen Verlockungen widerstehen können. Denn das Mittagessen und vor allem das Abendessen sind nicht nur die einzigen Gelegenheiten, bei denen die Gäste ihren Gastgeber

Einfach schön: Grüne Fahnen an den Tellern müssen des Namens wegen sein im Hause Verdi. Auf dem weißen Rand darunter in Gold die Initialen GV. Das Besteck ist aus Silber, die Gläser sind aus Kristall, aber mehr Aufwand wird hier nicht betrieben. Und vor allem: Es wird ein Leben lang nichts daran geändert.

sicher zu Gesicht bekommen, sie sind auch lustvolle, ausgedehnte Zeremonien. Es geht zwar, auch wenn Verdi im schwarzen Anzug antritt und von den Gästen ebenfalls angemessene Kleidung erwartet, nicht formell zu, aber mit jener gesetzten Ruhe, die aus der Nahrungsaufnahme erst den Genuss macht. Verdi und seine Frau haben Sinn für Tradition, auch beim Essen. Und den leben sie sogar in ihrem eher improvisiert ausgestatteten Winterdomizil in Genua aus. Boito erinnert sich an das klassische Osteressen mit Verdi, „das patriarchalische, streng rituelle Mahl mit den üblichen Speisen, die alles durchdringende milde Lust und der sanfte Friede in jenem großen Palazzo Doria, dessen Doge er war".

Ob es um den gebratenen Kapaun und die *spongata* an Weihnachten geht, diese betörend duftende Torte aus Walnüssen, Honig, Pinienkernen und Gewürzen, die in der Emilia einfach dazugehört, um das Lamm und den *panettone* an Ostern oder den obligaten Fasan am Neujahrstag (ein von Verdi selbst erlegter wird würdig einbalsamiert unter einer Glasglocke in

Sant'Agata aufbewahrt) – so sehr wie seine Heimat liebt Verdi auch deren Bräuche und originalen Gerichte. Aber die erfordern Kenntnis, Geduld und eben einen guten Koch. Geld allerdings nicht so sehr: Einkaufen muss Signora Verdi wenig. Und das ist ihr sehr recht, denn sie will nicht, dass Verdi die gemütliche Stimmung durch Arbeit vergällt. „Du wärst ein kompletter Narr, wolltest Du statt in Ruhe die Früchte Deiner künstlerischen Arbeit zu ernten, die Dir Ruhm und Ehre eingebracht hat, im Schweiß Deines Angesichts Geld zusammenscharren", beschwört sie ihn. Wozu auch. „Wir leben auf dem Land, und auf dem Land gibt man sehr wenig aus und bekommt viel dafür." Das meiste liefert nach wenigen Jahren schon der eigene Gutshof.

Also gibt es Mais in jeder Form, als gekochte Kolben mit Butter, als Polenta, Maisbrot oder Maiskekse. Es gibt – je nach Jahreszeit – das typische Gemüse der Gegend, also sehr viel Kürbis, Tomaten, Spargel, Spinat, Mangold. Weil die Reisbauern am Po auch zu ihrem Geld kommen müssen, gibt es auch Reis in jeder Form, als Risotto, Reisbombe, Reissuppe oder Reiskuchen. Und natürlich Salat von Verdis Feldern, denn mit Salatsaucen kennt Verdi sich aus: Von dem bizarrsten Menschen, dem er je begegnet ist, hat er da einiges gelernt.

Einfach gut: Unverfälschte Genüsse sind den Verdis lieber als komplizierte Kreationen. Das Gemüse kommt von den eigenen Feldern, und seine Aromen brauchen keine Verstärkung.

Temistocle Solera, der Libretti zu vielen frühen Verdi-Opern, vom *Oberto* über *Nabucco* bis zur *Giovanna d'Arco* verfasste, war Zirkusreiter, Jurist mit abgebrochenem Studium und allseits bekannter Frauenheld, wurde später der Geliebte von Spaniens angeblich jungfräulicher Königin und von ihr zum Staatsrat erhoben, er war Theaterunternehmer in Madrid, Barcelona, Gibraltar und Saragossa, Agent Napoleons III. und Viktor Emanuels II. und ließ sich eine Zeit lang in Ägypten nieder, wo er Tischgenosse des Khediven wurde und ihm seine 365 Arten der Salatzubereitung vorführte. Selbst wenn er wahrscheinlich nie Gast auf Sant'Agata war, lebte er in den Salatsaucen dort fort.

Auch für die nichtvegetarische Kost musste Verdi kaum Geld ausgeben; es gibt schließlich Fische aus dem eigenen Teich, Hühner und Perlhühner aus eigener Zucht, Eier von diesen Hühnern, es gibt Wildenten, Rebhühner, Fasane, Wachteln und Tauben, aber auch Singvögel, die Verdi – auch in dieser Hinsicht ein Italiener bis auf die Knochen – erlegt. Immer vorrätig sind Käse aus der eigenen Käserei, Butter und Milch von der eigenen Molkerei. Trotz oder wahrscheinlich wegen der eigenen Pferdezucht gibt es allerdings niemals Pferdefleisch, eine Spezialität der Region bis heute, denn Verdi würde es nie anrühren – ein Verhalten, das jeder Pferdezüchter nachvollziehen kann.

Schlichtes Grün und roter Pomp: Verdi macht aus seiner Naivität nie ein Geheimnis. Und liebt die geradlinige Pappelallee im Garten genauso wie die bürgerliche Behäbigkeit eines plüschigen Salons mit üppiger Dekoration (rechte Seite).

Ob die Kalbsschnitzel für Verdis geliebte *Costolette alla milanese* oder für die in der Gegend so beliebten *Costolette alla parmigiana* von den selbst gezüchteten Kälbchen kommen, wissen wir nicht. Doch wir wissen, dass Verdi wie viele Männer guten Süßspeisen verfallen ist. Da gibt es natürlich zuerst einmal die vielen Desserts von *pannacotta* bis Ricotta-Creme, die sich aus den hauseigenen Milchprodukten zubereiten lassen. Aber Verdi liebt auch die in Wein gekochten Birnen, die *pere cotte*, die in den Städten ringsum sogar von fliegenden Händlern verkauft werden. *Boiènt i pèr còtt. Boiènt! Boiènt i pèr còtt!*, rufen sie. Und wenn Verdi den hört, irgendwo beim Einkauf in Cremona oder Fiorenzuola, stürzt er auf die Straße und holt sich seine Portion. Natürlich müssen die eingekochten Früchte richtig schön süß sein. Die Küche der Emilia ist nicht eben eine Schlankheitsdiät und schon gar keine Schonkost. Im Gegensatz zu Verdi nimmt Giuseppina schnell zu, und dummerweise haben beide Verdis keine allzu stabilen Mägen. Immer wieder ist von ihren Magenkrämpfen und anderen Magenleiden die Rede in Verdis Briefen. Aber die sind weniger stressbedingt als aus Langeweile im winterlichen Sant'Agata entstanden. Am 23. Dezember 1881 schreibt er aus Genua an Arrivabene: „Peppina wiederum scheint die Strapaze der kleinen Reise gut bekommen zu sein, und sie spürt fast überhaupt keine Magenkrämpfe mehr." Das zählt, denn das gemeinsame Tafeln ist ihm ein Leben lang wichtig. Essen bedeutet für beide, zur Ruhe, zur Vernunft, zu sich selbst zu kommen Als Verdi an *La traviata* arbeitet und an seinem Flügel eine neue, anrührende Arie spielt, fängt Giuseppina, die an der Tür lauscht, laut zu schluchzen an. Da kommt Verdi heraus und sagt: „Komm, lass uns essen gehen."

Die gemeinsam eingenommene Mahlzeit ist für ihn Symbol der Verbundenheit und ungemein wichtig; von der Folter des Geschäftsessens, bei dem kauend gerechnet und verhandelt wird, hält Verdi nichts; erst nach dem Essen darf es um Geschäfte gehen, wenn ein voller Magen für eine friedliche Stimmung sorgt. „Mit leerem Magen" beordert Verdi seine Gäste generell zu sich. Und sie nehmen diesen Wunsch auch ernst. „Um sechs Uhr", vermeldete selbst sein Verleger Ricordi mit militärischer Unterwürfigkeit, „stehe ich zu Befehl, und das heißt mit leerem Bauch!!"

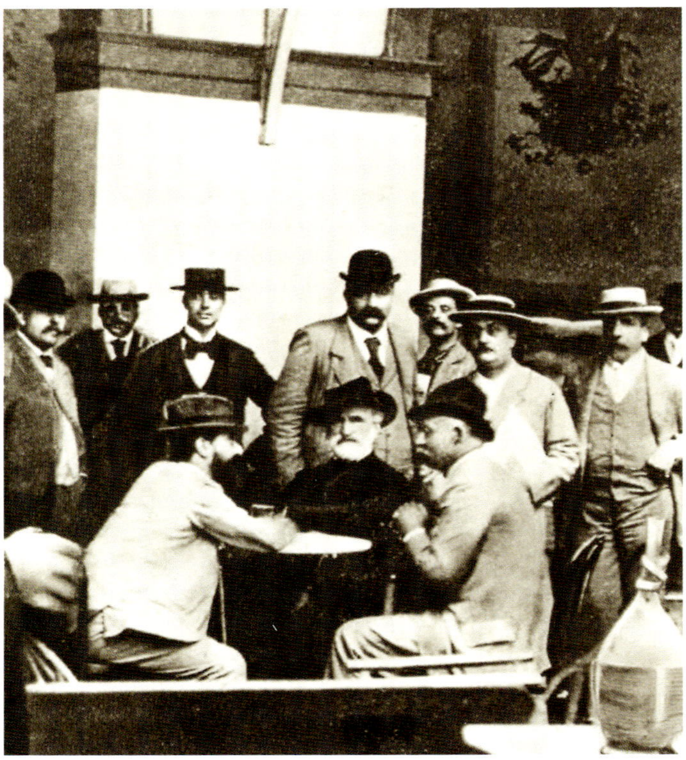

Leutselig: Nach Giuseppinas Tod liebt Verdi die Gesellschaft in seinem Kurort Montecatini umso mehr. Denn das leere Haus in Sant' Agata macht ihn traurig.

Noch im hohen Alter beunruhigt es Verdi zutiefst, wenn seine Giuseppina keinen Appetit hat. „Die Peppina ist auf", schreibt er an Boito im Juni 1896, „aber sie isst nicht; die Kräfte kehren folglich nur sehr mühsam zurück."

Auch bei Verdi ist Appetitlosigkeit ein Alarmzeichen, und es ist ein gutes Zeichen, wenn er nach Wochen der Depression oder des Kränkelns wieder richtig zulangt. Anfang 1898 ist der Witwer Verdi in Mailand, hat endlich die Einsamkeit seines Trauerns aufgegeben. Die Freunde befürchten allerdings, dass er noch immer lebensunlustig ist. Doch beruhigt schreibt Boito an Camille Bellaigue: „Verdi geht es ausgezeichnet; er spielt Klavier, er singt, er isst nach Herzenslust, er geht spazieren, er plaudert mit jugendlicher Lebhaftigkeit, er ist kreuzfidel."

Die Freude am Essen und Trinken ist bei beiden Verdis zeitlebens ein Indiz fürs seelische Wohlergehen. „Verdi ist kein Schwelger", sagt Giacosa, „aber ein Feinschmecker; seine Tafel ist wahrhaftig gastfreundlich, das heißt freigebig und verständig. […] Verdi fühlt sich wohl bei Tisch wie alle gesunden, verständigen und nüchternen Menschen, aber mehr als alles andere liebt er es, unter seinen Gästen die geistreiche und ehrliche Fröhlichkeit strahlen zu sehen, die zu den schönen und köstlichen Speisen gehört; er ist ein Mann von Disziplin [...], er ist ein Künstler, und als solcher hält er das Mahl mit Recht für ein Kunstwerk." Allerdings kann Verdi eines nicht ausstehen: wenn für das Kunstwerk des Essens das der Musik geopfert werden soll. „Ich reduziere den *Don Carlos* für Wien auf vier Akte", meldet er verärgert. „In dieser Stadt schließen nämlich die Hausmeister um zehn Uhr abends die Haupttore zu, und alles isst zu dieser Zeit und trinkt Bier mit Gâteau. [...] Zu lange Opern werden grausam amputiert. [...] Da man mir die Beine abschneiden wollte, habe ich es vorgezogen, das Messer selbst zu wetzen und anzusetzen." Und in Deutschland geht es ihm nicht besser. Aus Köln schreibt Verdi an Clarina Maffei, erschöpft von den Randerscheinungen des Musikfestes, von zahllosen „Einladungen bis in die Nächte hinein, Diners und Soupers. Vor allem Soupers, weil hier jede Aufführung – sonst ginge die Welt unter – um zehn Uhr abends beendet sein muss, damit man nachher in die Restaurants gehen kann, in denen sich niemals eine Flasche Wasser findet, aber Bier, Bordeaux, Rheinwein, Champagner und viel zu essen."

Weinselig: Über den Alkoholkonsum in deutschen Landen wundert sich Verdi, selbst ein großer Rotweinliebhaber, doch etwas. Noch mehr aber darüber, dass das Souper nach der Oper wichtiger ist als die Oper selbst.

Wer daraus folgert, Verdi verachte ausgedehnte Mahlzeiten, wird auf Sant'Agata lustvoll eines Besseren belehrt. Das einzige Problem: Die Verdis sind abhängig von ihren Köchen, in Sant'Agata ebenso wie in Genua. „Wenn Ihr nach Genua kommt", schreibt Verdi an Camille Du Locle und seine Frau, „werden wir Euch die Ravioli nicht mehr anbieten können, weil wir die Genueser Köchin nicht mehr haben: Aber Ihr werdet jedenfalls nicht Hungers sterben und, das ist gewiss, zwei Freunde finden, die Euch sehr lieb haben und für die Eure Anwesenheit das größte Geschenk sein wird." Auch in Sant'Agata haben sie, obwohl beide Verdis kochen können, immer einen Koch, dessen Arbeitsplatz laut Verdi „das Aussehen einer pantagruelesken Alchimistenküche" hat; aber mit dem Koch oder der Köchin selbst gibt es oft Ärger. Denn auch wenn der riesige Raum mit all den Kupfertöpfen und -pfannen, dem riesigen Kamin und dem riesigen Arbeitstisch noch heute ausschaut, als kochte dort der bekanntermaßen unersättliche Riese Gargantua für seinen riesenhaften Sohn Pantagruel mit seinem riesenhaften Appetit, wird dort eher karg gekocht, zumindest was die Qualität angeht. „Ich sehe, dass Camillo nicht den Mut hat, die Langeweile Sant'Agatas und die schlechten Mahlzeiten meines mörderischen Kochs zu ertragen", schreibt Verdi an Camillos Bruder, Arrigo Boito.

„Der ist wirklich ein Mörder, trotz Eurer, der Stolz', Giudittas und anderer Menschen Nachsicht." Da ist allerdings Giuseppina schon tot, die in der Überwachung und vor allem der Heranbildung der Angestellten erstklassige Arbeit geleistet hat. Beruhigenderweise kennt Verdi Auswege. So gut die hausgemachte Pasta schmecken kann – es gibt auch gute zu kaufen. Die Einkaufsliste verschickt er allerdings oft reichlich spät. An einem 22. Dezember schreibt er aus Genua an den Freund Cesarino De Sanctis, was er noch für die Festtage braucht. „Wie üblich möchte ich bitten, mir zu schicken: 9 kg assortierte lange Pasta mit Ausnahme der Nudeln, und die dicksten Maccaroni. 10 kg Pastine, d. h. Carmelline, Anellini usw. usw. usw. Ich bitte um höchste Qualität."

Hausgemacht oder mitgebracht: Verdi liebt Pasta. Und weil er an Weihnachten nichts vom eigenen Herd in Sant' Agata (linke Seite und oben) bekommt – er genießt den milderen Winter in Genua –, werden die Freunde mit Pastalieferungen aus der Heimat beauftragt.

Nicht fertig zu kaufen gibt es freilich die berühmten und viel zitierten Genueser Ravioli, die jeder Koch auf Sant'Agata beherrschen sollte. Denn sie sind nicht nur eine Leibspeise der Verdis, auch viele ihrer Freunde sind den mit Basilikum-Pesto gefüllten Teigtaschen verfallen. „Die Genueser Ravioli sind vorzüglich, und ich bete sie an", bekennt Arrigo Boito offen. „Und ich möchte sie nächsten Donnerstag an Ihrem Tisch verzehren." Doch er kennt auch die Folgen dieser Köstlichkeit. „Ich denke, dass ich, wenn es Ravioli zu essen gibt, zu viel davon essen werde, und auch Sie werden sie essen, und wir werden sie mit Mühe verdauen; ich denke, dass alles, was in die harte Arbeit des Magens geht, nicht in die Arbeit des Gehirns geht, und da fällt mir der Satz ein, den Sie mir bezüglich des Mohren von Venedig sagten: ‚Alles ist eine Frage des Magens.'" „Dann also", erklärt er mit einem schweren Seufzer des Verzichts, „keine Ravioli; wir werden am Donnerstag zusammen speisen (ich glaube, Sie essen auch in Genua um sechs); wir werden speisen, aber ohne die Versuchung der Ravioli; wir werden ein weises und gesundes und gänzlich geistiges kleines Mahl einnehmen." Woraus das besteht, erfahren wir allerdings nicht. Vermutlich aus irgendetwas, das keinerlei große Küche oder große Köche

Patentrezept: Verdi weiß, dass es das Schwierigste ist, die einfachen Dinge vollkommen zuzubereiten. Ob das Geflügel ist, das über dem offenen Feuer gebraten wird, oder ein Schinken, für den er Freunden genaue Kochanweisungen gibt.

erfordert. Vielleicht gibt es ein paar Brocken Parmesan, den Verdi so gerne mag, dass er ihn sich bis nach St. Petersburg nachschicken lässt, und dazu ein paar Birnen, wie es bei Verdi daheim, in der Region Parma, üblich ist. Oder seine geliebten *salame da Felino*, eine magere, luftgetrocknete Wurst aus nichts als Schweinefleisch, die mit Pfefferkörnern, Knoblauch und dem Weißwein von Felino veredelt wird. Oder eben das berühmte „Ärschchen von Zibello", den *culatello di Zibello*, in hauchfeine Scheiben geschnitten. Oder es gibt etwas, das gut vorbereitet werden kann.

Eine *spalla cotta* zum Beispiel, für die Verdi als Spezialist gilt. Selbst unmusikalische Metzger verbreiten bis heute nichts lieber als die Legende, dass Verdi die Wertschätzung der gekochten Schweineschulter zu verdanken sei. Sie gilt als die alte Spezialität von Rocca San Secondo, einem Ort ganz in der Nähe von Busseto. Getrocknet und gesalzen ist die *spalla* ein praktischer Dauervorrat, von dem man sich bei Bedarf ein Stück abschneidet, um es in einem Eintopf oder einer Suppe mitzukochen. Natürlich hingen diese preiswerten Schinkenteile auch im Laden von Verdis Vater von der Decke. Und dort soll das findige Kind bereits auf die Idee verfallen sein, aus dem salzigen, trockenen Stück eine Delikatesse zu machen. Sicher ist, dass Verdi nie vergisst, den Freunden, die in Sant'Agata auf den Geschmack an der *spalla* gekommen sind, bei der Abreise eine mitzugeben oder nachzuschicken und mit einer strengen Gebrauchsanweisung zu versehen. Ob das Arrivabene ist, die Familie Ricordi oder Teresa Stolz – jeder wird genau instruiert. „Lege den Schinken für ungefähr zwölf Stunden in lauwarmes Wasser, um das Salz zu entfernen. Bedecke ihn danach mit kaltem Wasser, und koche ihn auf kleiner Flamme dreieinhalb Stunden lang, bei einem größeren Stück besser vier. Um zu sehen, ob die Schulter gar ist, piekse mit einem Zahnstocher hinein. Wenn er leicht eindringt, ist sie fertig. Lass sie nun in der Brühe abkühlen, und serviere sie dann. Um den Kochvorgang musst Du Dich ganz besonders kümmern: Wenn die Schulter zu hart ist, schmeckt sie nämlich nicht, wenn sie zu lange gekocht hat, wird sie trocken und gummiartig."

Ein gewisser Ehrgeiz als Koch ist Verdi nicht abzusprechen. Mit seinem Genueser Komponistenkollegen Serafino De Ferrari, ein Stammgast im Genueser Winterdomizil der Verdis, diskutiert der Gastgeber stundenlang – aber nicht über die Kunst des Tonsetzens, sondern über die des Kochens. Eines Abends wird ausgiebig darüber geredet, wie man Schlangen lecker zubereitet; nach De Ferraris Meinung, der diese Delikatesse über alles liebt, eine besonders schwierige Aufgabe. Und weil Giuseppina sich beim bloßen Gedanken daran schüttelt, erzählt er stolz von einigen namhaften Familien, die er von diesem Gericht voll überzeugt habe. Kochen müsse man es eben können. Verdi nimmt die Herausforderung an. „Angenommen für morgen", ruft er aufgeregt. Am nächsten Tag verschwindet er mit einer langen weißen Schürze um den Bauch und einer weißen Kochmütze auf dem Scheitel in der Küche. Und serviert wie versprochen die Schlangen. Der Koch selbst ist begeistert, De Ferrari auch, grummelt aber vor sich hin, ihm schmecke nur eines nicht: dass er die Viecher bezahlen musste. Aber danach verbreitet er Verdis Ruhm als Hobbykoch in ganz Genua.

Lieblingsrezept: Verdis Risotto alla milanese ist ein Klassiker im Hause. Und Giuseppina rühmt ihn über die Maßen. Lang geübt hat ihr Mann: Schon in Junggesellenzeiten kochte er ihn, wie eine Karikatur des Freundes Melchiorre Delfico belegt.

Daheim, in Sant'Agata, lassen es sich die Verdis aber niemals nehmen, die Gäste richtig zu bekochen. Schließlich bleiben sie alle tagelang, oft wochenlang, da hat es keine Eile. Als gute Gastgeber kennen sie die Leibspeisen von jedem auswendig, kochen für Giuseppinas heiß geliebte lungenkranke Schwester Barbarina leichtes Gemüse und für den Kanonikus Avanzi aus Busseto das Lamm Gottes, wie er es liebt, mit Knoblauch und Rosmarin. Noch den alten Verdi überfällt manchmal die Lust, selbst den Kochlöffel in die Hand zu nehmen wie in jungen Jahren, als er mit den Junggesellenfreunden Melchiorre Delfico und Giovanni Genovesi schon aus Kostengründen nicht jeden Abend ausgehen konnte.

risotto milanese

Schlicht ideal: Für den Risotto alla milanese braucht es weder viele Zutaten noch Geld, aber eine große Portion Geduld. Verdi bewies sie seiner Peppina und seinen Gästen rührend.

Damals schon galt der *Risotto alla milanese* als Verdis Spezialität. Wenn jemand darum bittet, stellt er sich bereitwillig an den großen Herd, rührt und rührt eine Dreiviertelstunde lang, wie es sich gehört. Und Giuseppina ist von dem Ergebnis jedes Mal begeistert. Sie bewundert ihren *pasticcio* nicht nur wegen seiner musikalischen Meisterwerke, sondern auch wegen seiner kulinarischen. Als sie in einem Brief von einem neuen Triumph Verdis berichtet und von den stehenden Ovationen, die er bekommen hat, von den Begeisterungsstürmen für den „Großen Komponisten von Le Roncole", meint sie trocken: „Wenn die nur wüssten, wie gut er einen *Risotto alla milanese* komponiert, Gott weiß, welche Ovationen dann erst auf seine Schultern niedergingen." Grandioser Komponist, der er ist, beherrscht Verdi natürlich die Kunst der spielerischen Variation – auch beim Risotto. Er selbst schätzt zwar die simple Version mit einer satten Menge Safran, einer ordentlichen Ration Rindermark und Butter, zum Schluss noch mal mit einem Schuss Weißwein verfeinert und mit geriebenem Parmesan serviert. Aber er liebt es, die Gäste mit immer wieder neuen Interpretationen seiner Erfolgsarie zu überraschen; mal gibt er gebratene Hühnerteile, gerne auch Gänse- oder Hühnerlebern dazu, mal etwas klein geschnittene Reste vom Enten- oder Fasanenbraten, in der Saison gegrillte Steinpilze oder frisch gehobelte Trüffel.

Weil weder er noch Giuseppina jeden Tag Küchendienst machen, aber jeden Tag gut essen wollen, artet die Suche nach einem zufrieden stellenden Koch in eine Lebensaufgabe aus. Giuseppina hätte lieber eine Frau in der

Küche, der sie mehr Feingefühl zutraut, Verdi lieber einen Mann, weil da weniger Gefahr besteht, dass er ausfällt oder mit der Heirat verschwindet. Unermüdlich fragt er bei Freunden und Bekannten an, ob sie ihm nicht einen wüssten, er würde auch gerne ordentlich dafür zahlen. Leider greift er meistens daneben. Da erwischt er endlich einen, der zwar etwas vom Kochen versteht, aber von Benimm ziemlich wenig. Kommt Giuseppina in die Küche, ignoriert er sie schlicht, und als sie dazu eine Bemerkung fallen lässt, sagt er grantig: „Ein Offizier im Dienst ist nicht verpflichtet zu grüßen." Und als Verdi einmal wagt, ein Gericht zu kritisieren, meint der Küchenmeister kühl: „Was bilden Sie sich denn ein, dass Ihre vier Noten wert sind?" Der Koch wird gefeuert und durch den nächsten ersetzt. Aber eigentlich ist Verdi und seiner Frau längst klar: In diese gottverlassene Gegend verirrt sich keine Spitzenkraft.

Nicht ideal: In dem feuchten Klima der Bassa Padana gedeiht vieles prächtig, der Wein allerdings nicht: Ihm fehlt der Körper, der Charakter, die Kraft.

Trotz aller Selbstkritik der Gastgeber sind die Gäste mit dem, was in Sant'Agata kredenzt wird, hoch zufrieden. Auch mit den Getränken? fragt da jeder, der sich an Verdis Bemerkung über die zechenden Kölner erinnert, in deren Kneipen er schmerzlich das Wasser vermisst. Denn das lässt befürchten, es komme nur *acqua minerale* auf den Tisch des gastlichen Hauses. Es läge sogar nahe, denn eine Gegend für Rotweinkenner ist Verdis Heimat nie gewesen, weil das feuchtmilde Klima den roten Trauben keine Tiefe gibt und den weißen nicht die fruchtige Frische. Nachdem der regionale Wein körperlos bleibt und so gar keine Offenbarung war, bis moderne Önologen der Natur ein technisches Schnippchen schlugen und die Einheimischen mit ihrem Lambrusco – der vor Ort immerhin rau und trocken ist – von jeher ganz zufrieden sind, müssen die Gäste der Verdis damit rechnen, mäßige Qualität oder gar nichts zu trinken. Da heißt es runterschlucken, zumal der Gastgeber beleidigt wäre, wenn ein Gast über den Lambrusco lästerte: Er ist nämlich hausgemacht, aus Trauben, die auf Verdis Weinberg gedeihen. Schleicht ein frecher Besucher sich jedoch in den Keller von Sant'Agata hinab, ist er beruhigt: Leer ist er nicht. Allerdings stößt der Eindringling zuerst auf viele Kisten Asti Spumante und das ist nicht eben der große Genuss für Liebhaber trockener Weine. Für den süßen Verdi durchaus; über seine Vorliebe dafür hat er sich mit Opprandino ausführlich unterhalten, denn nicht jeder versteht es, dass dieser leichte, harmlose Perlwein aus dem Piemont etwas Besonderes sein soll. Dass man ihn in Italien zum Dessert oder zum Kuchen trinkt, wissen die Fremden ohnehin nicht. Aber auch Kenner beruhigt die Expedition in Verdis Unterwelt: Da lagern beachtliche Vorräte an Champagner und französischem Bordeaux, die er allerdings für besondere Anlässe aufbewahrt. Und eine reiche Auswahl an erstklassigen Chiantis. Verdi liebt guten Wein so, dass er richtiggehend leidet, wenn etwas von dem guten Zeug verdorben wurde. Seine Russlandreise wurde so gesehen zum Passionsweg. „Die Waggons, die uns von Dünaburg bis Kaunas transportierten, waren ungeheizt“, schreibt er entrüstet, „und der Wein – noch dazu sehr guter Wein für 5 Rubel die Flasche – gefror.“

Wein für unterwegs: Auf seiner eiskalten Reise nach Sankt Petersburg wärmt Verdi sich von außen mit Pelz und von innen mit Bordeaux.

Beim Wein kann Verdi seinen Lokalpatriotismus mühelos vergessen. Chianti ist sein erklärter Lieblingswein und offenbar seine Lieblingsmedizin. Als sich Teresa bei Giuseppina erkundigt, wie es um Verdis Gesundheit stehe, erfährt sie, „Verdi geht es sehr gut; er isst, rennt im Garten umher, schläft [...] und trinkt Chianti, nichts als Chianti, Chianti, Chianti!“ Da ist er Anfang 60 und teilt seine Leidenschaft mit vielen betuchten Weintrinkern, denn zu dieser Zeit gilt der Chianti als der beste Rotwein in Italien, speziell der Chianti von Baron Bettino Ricasoli. Verdi hat davon Vorräte für ganze Heuschreckenschwärme von Besuchern. Weil ihm, der sich einen Bauern nennt, die bäuerliche Flasche gefällt? Diese Korbflasche, in die der Chianti eingefüllt, mit einer dünnen Schicht

Olivenöl bedeckt, unter Druck mechanisch verkorkt und darin dann gut abgepuffert gegen Stöße transportiert wird? Gut, die Flaschen, so praktisch und originell diese Erfindung eines gewissen Melini sein mag, sind Geschmackssache. Aber Verdi hat andere Gründe, den Chianti von Ricasolis Castello di Brolio zu lieben: Er hat eine ganz besondere Beziehung zu dem Baron, den sie den Eisernen nennen. Warum er so heißt? Heute könnte man vermuten, weil er die Chianti-Formel erfand, die später zur unausweichlichen Bestimmung für jeden Chianti Classico wurde, der als Qualitätswein mit kontrollierter Herkunftsbezeichnung (DOC) verkauft werden will:

„DOC“

Roter Sangiovese und Canaiolo, eine alte toskanische Rebsorte, werden mit einer kleinen Menge der weißen Sorten Malvasia und Trebbiano gemischt. Aber damals war das keine Vorschrift, sondern eine Erfindung: 35 Jahre lang hatte der Baron auf Schloss Brolio önologische Studien betrieben, 1870, als Verdi gerade vom Vizekönig von Ägypten den Auftrag für die *Aida* bekommen hatte, war es dann so weit: Stolz teilte er dem Pisaner Professor Studiati mit, was seine Weinformel so einzigartig machte: „Der Wein erhält vom Sangioveto die Hauptdosis seines Dufts und eine gewisse Kraft des Geschmacks; vom Canaiolo die Lieblichkeit, die die Härte des Ersteren ausgleicht, ohne ihm etwas von seinem Duft zu nehmen, obwohl auch der Canaiolo nicht arm daran ist; der Malvasia verdünnt das Produkt der ersten Trauben, erhöht die Würzigkeit, macht es leichter und für den täglichen Gebrauch bei Tisch schneller verwendbar.“ Immerhin überzeugte Ricasoli damit sogar die in Fragen des Weins nicht eben ausländerfreundlichen Franzosen: Schon bevor er den Professor unterrichtete, gewann er einen Preis dafür auf der Weltausstellung in Paris 1855. Das war umso überraschender, als die Franzosen allem Italienischen, besonders den italienischen Einheitsbestrebungen gegenüber, eine gönnerhafte Herablassung zeigten und außer Turiner Uhren (die von französischen Arbeitern produziert wurden) nur ein italienischer Produzent einen Preis erhielt: der Winzer und Önologe Baron Bettino Ricasoli.

Wein für zu Hause: Chianti ist Verdis Hauswein – und zwar der von Barone Ricasoli, der den Chianti Classico erfunden hat. Seine Frische und frühe Trinkbarkeit verdankt er dem Zusatz von weißen Trauben.

Unterhaltung nach Tisch: Verdi liebt Billard und spielt ausgezeichnet. Seinen Billardtisch lässt er sich etwas kosten und das abendliche Vergnügen fast nie entgehen. Gäste, die pausieren müssen, werden mit Pomino getröstet.

Für Verdi aber hatte es sicher auch persönliche Gründe: Er hatte Ricasoli in Florenz kennen gelernt, wo er nach der triumphalen Uraufführung von *Macbeth* nicht nur 38 Vorhänge und eine Krone bekommen hatte, sondern auch Zugang zu den besten kulturellen und aristokratischen Kreisen der Stadt. Trotz des Kontakts bezieht Verdi den Wein nie direkt vom Gut des Barons, sondern immer über seinen Weinhändler, die Fratelli Conti in Florenz. Der Vorteil: Er muss sich nicht genieren, mit Reklamationen zu kommen, wenn die Flaschen nur dreiviertelvoll sind und er keine Lust hat, dafür den vollen Preis zu zahlen. Die Brüder Conti beliefern ihn auch klaglos mit Asti. Und mit dem Asti verträgt sich der Chianti von Ricasoli immerhin politisch: Bettino Ricasoli, später Nachfolger von Cavour, war 1859 höchstpersönlich nach Bologna gereist, um dort für den Anschluss an Piemont zu werben. Ob Verdi, sein Glas Chianti – meistens ein Pomino – in der Hand, auch politische Diskussionen führt, ist zweifelhaft. Bei Tisch ist er nämlich, sagen seine Gäste, ziemlich still; er redet lieber im Stehen als im Sitzen und lieber vor als bei dem Essen. Und wenn danach noch ein Glas Asti getrunken wird, wie hier üblich, dann ist Verdi mit Wichtigerem beschäftigt als mit Politik.

Giovanni Giacosa verdanken wir einen recht detailgenauen Bericht darüber, was die Gäste auf Sant'Agata außerhalb der Mahlzeiten treiben. „Während Ihr Euch dort aufhaltet, gemächlich durch die Zimmer geht, Euch in Erwartung, beim Billard an die Reihe zu kommen, in der Bibliothek zusammenfindet, zur Unterhaltung in einem Salon sitzt, entdeckt Ihr neue Themen künstlerischer Anregung und intellektueller Aktivität." Giacosa verrät auch: „Des Abends wird Billard oder Karten gespielt." Whist und Dame beherrscht Verdi ganz gut, aber so viel Leidenschaft wie für das Billard entwickelt er dafür nicht, gibt ihm doch dieses Spiel Gelegenheit, dass auch er das kann, was Diplomaten können: ein Ziel indirekt, von der Bande her, anspielen und so einen Treffer landen. Beim Billard zumindest dürfte Verdi meistens gewonnen haben – die Freunde behaupten, er sei ein brillanter Spieler gewesen. Sicher ist, dass er ein leidenschaftlicher war, dem sein Billardtisch wichtiger war als der Schreibtisch, an dem Unsterbliches entstand. Wie jeder professionelle Sportler unter denselben Bedingungen trainiert, unter denen er dann antritt, hat auch Verdi im Winterdomizil den bis ins Detail gleichen Billardtisch wie auf Sant'Agata.

„Mein Billard hier hat nichts Außergewöhnliches, aber es ist ein gutes Billard", behauptet er zwar bescheiden gegenüber Arrivabene. „Es ist wie das, das Du in Sant'Agata gesehen hast, ausgenommen, dass dieses Holz etwas mehr Verzierungen hat, vielleicht um mich 200 Francs mehr dafür bezahlen zu lassen. Es hat sechs solide, ziemlich breite und untersetzte, aber gut gearbeitete Beine; es ist (innen, von einem Rand zum andern) 3 m lang, 1,47 breit. Es hat Bronze in den sechs Rillen; es hat 8 Billardlöcher, fünf für das Carolina-Spiel, drei für das Casino-Spiel, von denen zwei ziemlich groß sind; 18 gute Billardstöcke in verschiedenen Stücken; 3 lange Billardstöcke und alles Zubehör zur Unterbringung der Stöcke, zum Aufschreiben der Punkte, eine Kassette für die Kugeln, Kegel, Kreide usw. Der Billardtisch ist aus Nussholz mit einigen Intarsien in gelblichem Holz, ich glaube Opium. Die Form ist solid, aber sehr viel eleganter als die hässlichen Barken, die in Turin gemacht werden. Der Fabrikant ist Della Chiesa in Mailand."

Zum abendlichen Spiel wird Verdis geliebter süßer Asti Spumante serviert, wohl auch ein Tresterschnaps. Welche Digestifs Verdi mochte, wissen wir nicht. Welchen er hasste, wissen wir jedoch genau: die Sorte, die ihm dauernd aufgedrängt wird, wenn er anderswo zu Gast ist. Sitzt er satt und zufrieden am Tisch bei einem Freund, da setzt sich die Tochter seines Gastgebers ans Klavier und fängt an, Arien aus Verdi-Opern zu klimpern. Eine Zeit lang reißt sich Verdi noch zusammen, aber dann wird es ihm zu viel. „Hör auf, diese verdammte Musik zu spielen, und klappe den Deckel zu", schreit er. Nach Tisch und vor Tisch liebt er alle Spiele außer dem Klavierspiel. Denn das Essen ist für ihn eine heilige Angelegenheit. Und eine zentrale. Das wissen sogar die Leute, die Verdi niemals besuchen – aber ihm zuhören.

Folgende Doppelseite: Fruchtbarkeit und Einsamkeit. Ein verlorenes Gehöft aus Naturstein, saftige Wiesen, ein Baum, schwer von Reineclauden – an vielen Stellen hat sich in der Bassa seit Verdis Zeiten nichts verändert.

Unten: Unterhaltung vor Tisch. Ganz entspannt vor dem Haus noch plaudern, während aus der Küche bereits verlockende Düfte dringen – das genießt der Meister.

Sughi e Salse

Saucen

Salsa rossa calda ~ Warme rote Sauce

Meistens ist sie der Partner der Salsa verde zum Bollito misto (siehe Seite 132) – die sanftere Schwester. Aber sie schmeckt auch zu kleinen Koteletts.

Die Salsa rossa kann luftdicht verschlossen bis zu zehn Tage im Kühlschrank aufbewahrt werden und wird kurz vor dem Gebrauch nochmals erwärmt.

Für 4 Personen
2 rote Paprikaschoten, geschält, 2 gelbe Paprikaschoten, geschält, 4 große milde Zwiebeln, fein gehobelt, 4 EL Olivenöl, 1 Stück Chilischote, gehackt, 900 g Tomaten, enthäutet und klein gewürfelt

Die Paprikaschoten von Kernen und Scheidewänden befreien und in feine Streifen schneiden. Öl in einen Topf geben, erhitzen, die Zwiebeln darin glasig dünsten, ohne dass sie braun werden, Paprikastreifen zufügen und so lange schmoren, bis alles weich und stark eingekocht ist. Nun die Tomaten, die Chilischote und das Salz beigeben und 30 Minuten köcheln lassen, bis das Öl an der Oberfläche schwimmt.

Salsa béchamel ~ Béchamelsauce

Die Béchamelsauce wird gerade in der emilianischen Küche für viele Gerichte verwendet – von der Lasagne über Gemüsegratins bis hin zu Timballi. Die Sauce lässt sich auch gut einen Tag vorher zubereiten und luftdicht verschlossen im Kühlschrank aufbewahren.

Für ca. 300 ml Sauce
½ l Milch, 75 g Butter, 50 g Mehl, Salz

Die Milch in einem Topf langsam fast bis zum Kochen bringen. Währenddessen die Butter in einem Kochtopf, der 1 bis 1 ½ Liter fasst, schmelzen und dann das Mehl unter ständigem Rühren zugeben und 2–3 Minuten lang anschwitzen; die Butter darf auf keinen Fall braun werden. Den Topf vom Herd nehmen und nach und nach – am Anfang in ganz kleinen, dann in etwas größeren Mengen – die heiße Milch zugeben. Dabei ständig weiter rühren. Salzen, den Topf wieder auf die Flamme stellen und unter unablässigem Rühren so lange kochen lassen, bis die Sauce dick und sahnig ist.

Sugo alla panna ~ Sahnesauce

Für 4–6 Personen
1 Zwiebel, fein gehackt, 1 Karotte, geschabt und fein gehackt, 2 geschälte ganze Knoblauchzehen, 2 EL Butter, 300 g Tomatenpüree, Salz, Pfeffer aus der Mühle, 4 EL Sahne

Zwiebel und Karotte mit den Knoblauchzehen in einer Kasserolle in der heißen Butter anbraten. Wenn die Knoblauchzehen golden sind, entnehmen. Tomatenpüree zugießen und 30 Minuten köcheln lassen. Salzen, pfeffern und ganz zum Schluss die Sahne unterrühren – sie soll nur noch warm werden.

Sugo di burro e parmigiano

Butter-Parmesan-Sauce

Zu Gemüse, Pasta oder zum Gratinieren geeignet.

Für 4–6 Personen
30 g Mehl, 40 g Butter, ½ l heiße Milch, 40 g frisch geriebener Parmesan, Salz, Muskatnuss

Das Mehl in der warmen Butter andünsten, ohne dass es Farbe annimmt. Nach und nach unter Rühren die Milch zugießen, dann die Sauce aufkochen und 10–15 Minuten köcheln lassen – dabei ununterbrochen rühren, damit nichts anbrennt. Den Käse zugeben, salzen, Muskatnuss darüber reiben und gut verrühren.

Salsa verde ~ Grüne Sauce

Für 4–6 Personen
6 EL glatte Petersilie, fein gehackt, 2½ EL Kapern, fein gehackt,
nach Belieben 4–6 Anchovisfilets, fein gehackt,
1 TL Knoblauch, fein gehackt, ½ TL scharfer Senf,
½ TL Aceto balsamico (oder Zitrone), 8 EL Olivenöl extra vergine, Salz

Zuerst die Petersilie, den Knoblauch, die Kapern, den Senf und nach Wunsch die Anchovisfilets in eine Schüssel geben und gründlich vermischen. Anschließend den Essig oder den Zitronensaft darunter rühren und dann das Olivenöl kräftig unter die Mischung schlagen. Salzen und je nach Geschmack nochmals mit Essig oder Zitronensaft nachwürzen.

Sie ist obligater Begleiter des Bollito misto (siehe Seite 132), passt aber auch gut zu gedünstetem oder gekochtem Fisch. Dann wird allerdings der Essig durch Zitronensaft ersetzt. In einem Glas luftdicht verschlossen, lässt sich Salsa verde im Kühlschrank bis zu einer Woche lang aufbewahren.

Salsa verde dolce~agra

Grüne Sauce, süß~sauer

Für 4–6 Personen
Blätter von 1 Bund glatter Petersilie, fein gehackt,
1 Knoblauchzehe, fein gehackt, 2–3 EL Olivenöl, 1 kleines Stückchen
Butter, 1 EL Semmelbrösel, 1 TL Aceto balsamico, Salz, 1 TL Zucker

Öl und Butter in einer Pfanne erhitzen, Knoblauch und Petersilie kurz anbraten, dann die Flamme größer stellen und die Semmelbrösel zugeben. Unter Rühren anrösten, dann mit Aceto balsamico, Zucker und Salz würzen, vom Herd nehmen und abkühlen lassen.

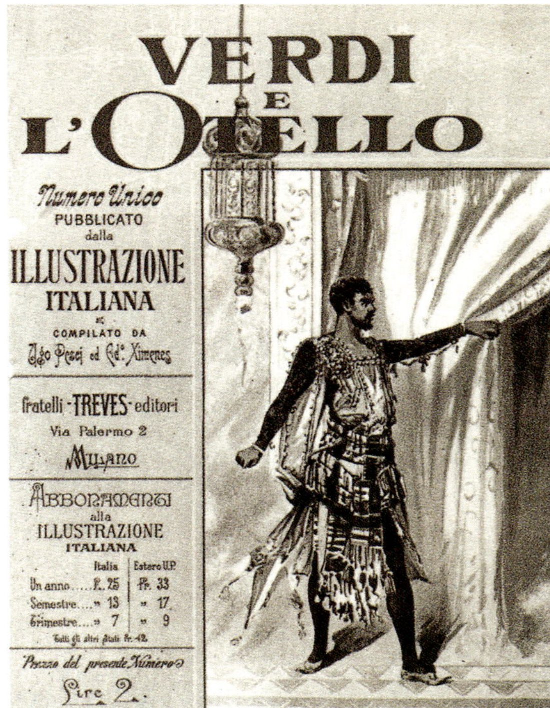

Dialog über Schokolade: Wenn Verdi, Ricordi und Boito von der Schokolade reden, weiß jeder von den dreien, was gemeint ist: Verdis Otello – hier eine Darstellung des dunklen Helden auf dem Buchdeckel der Sonderausgabe, abgebildet in Illustrazione Italiana.

Die Sprache des Gastgebers

Verdis Liebe zu kulinarischen Formulierungen

Sinnlichkeit steht einem Künstler. Deshalb setzen manche Künstler sie auf wie eine Perücke. Bei Verdi ist das niemals der Fall. Dass er den sinnlichen Genüssen des Lebens aus tiefstem Magengrund aufgeschlossen war, beweist seine Sprache. Eine Sprache, die sich jeder auf der Zunge zergehen lassen kann, denn sie ist kulinarisch, gut gewürzt und geschmacksintensiv. An Tito Ricordi schreibt Verdi nach einer erfolglosen deutschsprachigen Aufführung der *Aida* in Wien (die wohl Giulio Ricordi sich ausgedacht hatte): „Wenn die Sache in Wien für Dich *kein fetter Bissen* war, so ist sie für mich nur ein Knochen und einer, an dem ich recht mühsam zu nagen habe.“ Es liegt für ihn nahe, es liegt ihm wirklich auf der Zunge, sich so auszudrücken, dass jeder schmeckt, was er meint.

„Ich habe *ein Pfund Zucker in mein Tintenfass* getan", schreibt Verdi einmal an Clarina Maffei, „weil ich heute morgen die Briefe Ihres Freundes, des Senators von Bergamo, beantworten wollte. „Aber ich mag es wenden, wie ich will – meine Briefe werden wahrhaftig nicht süß."
Verdi will mit seiner Musik beim Volk ankommen, er will verstanden werden. Deswegen vermeidet er intellektuelle Verrenkungen, deswegen schreibt er Musik, die in den Bauch und ins Herz geht, nicht ins Hirn. Kein Wunder, dass er sich genau so ausdrückt. „Du irrst Dich", schreibt er in Bezug auf die *Aida* an Arrivabene, „wenn Du an die beträchtlichen Ausgaben *für die Sauce dieser Partitur* glaubst. Vor allem bleibt zu entscheiden, ob sie nur eine Sauce ist und ob es in früheren Opern einen Braten gab."

Klagen über Schokolade: Zur Arbeit gedrängt zu werden stößt dem alten Verdi sauer auf. „Lassen wir die Schokolade, Desdemona und Jago in Frieden", fleht er Ricordi an.

Absolut unwiderstehlich wird Verdis Sprache, als es um den *Otello* geht. Allerdings nur für Schokoladenliebhaber; politisch korrekte Menschen würden seine Ausdrucksweise heute als rassistisch bezeichnen. Boitos Libretto zum *Otello*, berühmt als *Mohr von Venedig*, läuft von Anfang an nur unter dem *Stichwort Schokolade*. So schreibt Verdi an Giulio Ricordi im August 1879: „Sie wissen, wie dieser *Schokoladenplan* entstanden ist. Sie haben mit mir und ein paar Freunden zusammen gegessen. Man sprach von *Otello*, von Shakespeare, von Boito. Am nächsten Tag kam Faccio mit Boito zu mir ins Hotel. Drei Tage später brachte Boito mir die Skizze zu *Otello*, die ich las und gut fand. Macht die Dichtung daraus, sagte ich." Und am 19. Juli kritisiert er bei Giulio Ricordi einen Qualitätsverfall: „Giuditta hat Peppina von der Schokolade geschrieben. *Ihr schreibt mir von Kakao*."

Im November schickt Ricordi an Giuseppina die Abschrift einer Karte, die er von Boito erhalten hat. „Aber ich verzweifle nicht", schreibt der gequälte Textdichter darin über die Lage des süßen Vorhabens, „bin sogar sicher, dass ich Dich bald mit der warmen und fertigen Schokolade aufsuchen werde [...], und wie zufrieden werden wir dann sein. [...] *Also die Schokolade kocht, kocht, kocht* [...] und ich auch." Natürlich lässt sich der Librettist Boito diese süße sprachliche Versuchung nicht entgehen und greift sie auf. Im Sommer 1880 an Ricordi: „Ich habe in diesem Augenblick an Signora Verdi geschrieben. Es hat den Anschein, dass die Schokolade im Ofen ist." Aber Schokolade ist eine heikle Angelegenheit, und wer durch

Schokolade verlockt wurde zu etwas, das er im Nachhinein bereut, wird ungehalten gegenüber denen, die ihn so dazu gebracht haben, alle Prinzipien zu vergessen. Zu viel Süßes gegessen zu haben ist heute in den USA ein juristisch anerkannter Grund für mangelnde Zurechnungsfähigkeit. Auch Signora Verdi teilt Ricordi bereits am 7. September aus Sant'Agata mit, Verdi sei sozusagen blind *in die Schokoladenfalle getappt*. „Aus einem Nichts, aus einem einfachen, mit dem Glase in der Hand vergnügt hingeworfenen Wort entstand ein Libretto. Verdi nahm es an – wenn auch unverbindlich, nicht frei von schlechter Laune –, und ich habe ihn mehrfach sagen hören: ‚Ich binde mich zu sehr – die Dinge kommen zu weit voran, und ich will absolut nicht gezwungen sein, etwas zu tun, was ich nicht tun will.'"

Mitteilungen in Gestalt eines panettone: Als die Arbeit am Otello stagniert, kommt der übliche Weihnachtskuchen für Verdi von Verleger Ricordi mit einem Schokoladenmohr – ohne Beine.

Auf solche leicht angesäuerten Bemerkungen gibt Ricordi als geschulter Diplomat natürlich nur eine zuckersüße Antwort: Im Dezember 1881 verschickt er das traditionelle Weihnachtsgeschenk seiner Firma, einen *panettone*, den reichen *Mailänder Weihnachtskuchen*. Verdis Präsent ist diesmal *mit einem kleinen Schokoladenmohren* verziert und garniert mit dem Wunsch, Verdi möge doch schon mal die Besetzungsliste für den *Otello* aufstellen lassen. Von dieser Kombination aus süßer Beschwichtigung und saurer Bedrängung wird Verdi übel. Ungehalten protestiert er am 8. Februar: „Um Gottes willen, lassen wir die Schokolade und Desdemona und Jago in Frieden."

Aber Ricordi weiß, wie viel ihm diese Schokolade einbringen wird, und lässt nicht locker. Er lässt sich lieber ein auf Verdis sprachlichen Spieltrieb und seine kulinarische Bildsprache. Am Weihnachten darauf wird Verdi wieder beglückt mit einem *panettone* samt *Schokoladenmohr*, aber diesmal hat die Schokoladenfigur sinnigerweise keine Beine. Verdi versteht, was gemeint ist: „Und Ihr glaubt wirklich, dass nur die Beine fehlen? Ich glaube hingegen, dass Beine, Kopf, Brust, Arme – – alles, alles, alles fehlen." Nach all den schokoladenüberzogenen Diskussionen wird der *Otello* jedenfalls ein Erfolg, der im Nachhinein die bittersten Diskussionen versüßt.

Und in jenem Alter, in dem andere schon entsagungsvoll werden und auf leibliche Genüsse mehr und mehr verzichten, offenbart Verdi eine Seite seines Wesens, von der das andächtige Opernpublikum auf der Welt nichts ahnt: sein Talent für Komik und sein Verständnis für einen verfressenen und versoffenen Lüstling, ähnlich dem ehemaligen Freund und Koch Corticelli. Der *Falstaff* ist kein abgeklärtes Spätwerk voll leiser Verinnerlichung und tiefer Einsicht, es ist eine überschwängliche Burleske *voll drastischem Witz und deftiger Erotik*. Und gerade darin zeigt sich Verdis Weisheit: Lächelnd, nicht weinend will er Abschied nehmen von der Welt. Wenn seine Freunde und Verehrer an ihn denken, sollen sie ihn heiter vor sich sehen. Und wissen, dass es ihm gut gegangen ist.

Dass Verdi diese Begabung, den Augenblick auszukosten und mit allen Sinnen zu genießen, nicht vortäuscht, beweist das *letzte Abendessen*, das er in seinem Lieblingshotel Milan in Mailand zu sich nimmt. Juliennes im Teigmantel. Gegrillte Forelle nach Art des Küchenchefs. Rinderlende auf Gärtnerinnenart. Stangenspargel. Junge Pute, am Spieß gebraten. Himbeereis. Patisserie und Dessert.
Dafür wird bei der Beerdigung gespart. Sogar um den Leichenschmaus prellt er die Trauergäste – das Geld sollen sie lieber für sein Musikeraltersheim in Mailand oder sein Krankenhaus in Villanova stiften. „Ich bestimme, dass meine Bestattung von allereinfachster Art sein und zu Tagesanfang oder beim abendlichen Ave-Läuten geschehen soll, ohne Gesang und Musik." Und seiner Adoptivtochter Maria teilt er in einem gesonderten Umschlag mit: „Es genügen zwei Priester, zwei Kerzen und ein Kreuz."

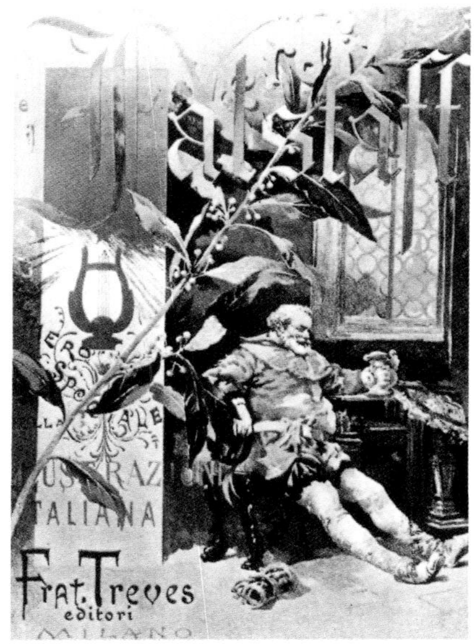

Abschied mit vollem Mund: Nicht mit Pathos, sondern mit satter Sinnlichkeit verabschiedet sich Verdi. Sein letzter Held ist der Wollüstling und Vielfraß Falstaff (hier eine Darstellung auf dem Buchdeckel der Sonderausgabe).

Streng fordert der pasticcio, er wolle unbedingt neben seinem *Pasticcio* begraben werden. Sonst hat er keine Sonderwünsche. Große Menschen machen keine großen Worte. Das überlassen sie anderen. „Niemals hat mich ein Gefühl des Hasses gegen den Tod und der Verachtung gegenüber seiner mysteriösen, blinden, dummen, siegreichen und feigen Macht überkommen", schreibt Boito schmerzerfüllt einem Freund. „Erst der Tod dieses Neunzigjährigen konnte diesen Eindruck in mir erwecken. Er hasste ihn auch, denn er selbst war der mächtigste Ausdruck des Lebens, den man sich vorstellen kann, er hasste ihn wie Faulheit, Geheimnistuerei und Zweifel." Und verzweifelt klagt Boito: „Er hat eine ungeheure Fülle von Licht und warmer Lebenskraft hinweggenommen; dank dieses olympischen Greisentums waren wir alle in Sonne gebadet." Man könnte es auch einfacher sagen: Verdi ist tot. Die Welt ist kälter geworden.

Who's Who

Arrivabene, Graf Opprandino (1807–1887), einer der engsten Freunde von Gastwirtssohn Verdi, kam aus bester Familie: Er war ein Abkömmling des byzantinischen Kaiserhauses und der Gonzaga, des Herzogsgeschlechts von Mantua. Arrivabene war Mitarbeiter von Cavour und einer der Wegbereiter des Risorgimento. Zusammen mit Verdi war er Mitglied des Turiner Parlaments. Als Journalist bei der *Opinione* war er einer der wenigen Kritiker, die Verdi achtete und von denen er sich verstanden fühlte. 50 Jahre lang, bis zu Opprandinos Tod, korrespondierten sie miteinander. An ihn sind auch die unveröffentlichten Briefe gerichtet, in denen sich Ron-Ron, der Hund von Arrivabene, und Blach, ein Hund von Verdi, mit Hilfe ihrer Sekretäre (Arrivabene und Verdi) unterhalten. Er vermachte Verdi eine silberne Uhr mit der Widmung: „dem liebsten unter meinen liebsten Freunden". Sie wird bis heute in Sant'Agata gehütet.

Barezzi, Antonio (1787–1867), Kolonialwarengroßhändler in Busseto und begeisterter Laienmusiker. Er wird zu Verdis Förderer – und zu seinem Schwiegervater: 1836 heiratet Verdi Barezzis Tochter Margherita, die schon vier Jahre später stirbt.

Boito, Arrigo (1842–1918), Komponist und Librettist, wurde zur Inspiration des greisen Verdi. Er selbst hatte, als die Zusammenarbeit mit dem fast dreißig Jahre älteren angebeteten Maestro begann, das Komponieren aufgegeben, obwohl er mit seiner Oper *Mefistofele* nach Goethes *Faust* durchaus Erfolg gehabt hatte.

Boito, Camillo (1836–1914), der ältere Bruder von Arrigo Boito, war Sohn eines Malers, mit dem er in Venedig als 12-Jähriger an einem Aufstand gegen die österreichische Besatzung teilnahm. Als die Mutter nach einem Ehekrach in ihre polnische Heimat reiste und die Kinder dem Vater überließ, verschwand der spurlos. Freunde in Venedig nahmen die Söhne auf, und Camillo wurde zu Arrigos Ersatzvater. Er studierte Gesang und Architektur, wurde beruflich schnell erfolgreich, auch als Fachautor, Novellist und Pädagoge, und privat im zweiten Anlauf mit seiner geliebten Frau Madonina. Verdi machte ihn zum Architekten der Casa di Riposo per Musicisti, des Altersheims für Musiker in Mailand.

Cavour, Graf Camillo (1810–1861), Ministerpräsident von Sardinien (1852–1859 und 1860/61), kämpfte für ein geeintes königliches Italien, nicht für ein republikanisches wie Mazzini oder Garibaldi. Wie Verdi erbitterte ihn der Pakt zwischen Napoleon III. und Franz Joseph I., aufgrund dessen das Veneto österreichischer Besitz blieb. Er dankte ab und zog sich in seine piemontesische Heimat auf ein Landgut zurück. Dort besuchte Verdi ihn 1859. 1860 gelang es Cavour dann doch, mit Hilfe von Garibaldi und anderen, ganz Italien zu vereinigen – bis auf Rom und Venedig. Und er erlebte in seinem letzten Lebensjahr noch die teilweise Erfüllung seines Traums: Viktor Emanuel II. wurde zum König von Italien gekrönt. Aber erst neun Jahre später, 1870, erfüllte sich auch seine Vision von Rom als Hauptstadt ganz Italiens.

Corticelli, Mauro, angeblich in Bologna geboren, war von 1859 bis 1867 Sekretär der berühmten italienischen Schauspielerin Adelaide Ristori und begleitete sie auf Tourneen durch Europa, Russland, Ägypten und Amerika. Dann wurde er für zwölf Jahre Verdis Verwalter, der ihm nach einer Affäre mit der Köchin kündigte. Unter der sinnlich-lüsternen und lebenslustigen Oberfläche verbarg sich offenbar ein trauriger Mensch; ein Selbstmordversuch in Mailand misslang: Giuseppina und Teresa Stolz retteten ihn, und Corticelli überlebte. Verdi hat ihn später im *Falstaff* verewigt.

De Amicis, Edmondo (1846–1908), Schriftsteller und aktiver Sozialist, lernte die Verdis über seinen Vetter Giuseppe De Amicis kennen, der schon lange ein Freund der Familie war und mit ihnen während der Wintermonate in Genua sehr viel Zeit verbrachte. Edmondo war zu Lebzeiten vor allem berühmt für seine *Skizzen aus dem Soldatenleben*, in denen er von seinen Erlebnissen als Offizier im Krieg Italiens mit Österreichs erzählte.

De Sanctis, Cesare (1824–1916), gehörte samt seiner Familie zu den ganz engen Freunden von Verdi. Er war ein erfolgreicher Kaufmann; außerdem dirigierte und komponierte er.

Du Locle, Camille (1832–1903), Librettist und Pariser Operndirektor, den der mit Komplimenten sehr geizige Verdi „die Liebenswürdigkeit und Vornehmheit in Person" nannte. Möglicherweise wäre ohne sein Zutun die *Aida* nicht entstanden, denn Du Locle übersandte Verdi das Libretto des Ägyptologen Auguste Mariette.

Faccio, Franco (1840–1891), Sohn eines kleinen Hoteliers aus Verona, Komponist und Dirigent, war ein enger Jugendfreund von Boito. Und fand ebenfalls Gnade in den Augen des strengen Meisters, der ihn lobte als einen „unserer besten" jungen Musiker. An der Scala dirigierte er die europäische Erstaufführung der *Aida*, die Uraufführung des *Otello* und zahlreiche Verdi-Aufführungen in Berlin. Er starb grausam an einer Gehirnparalyse.

Filippi, Filippo (1830–1887), mächtigster und wichtigster Kritiker im Italien seiner Zeit, gefürchtet in ganz Europa. Er war bei der Uraufführung der *Aida* in Kairo dabei – im Gegensatz zu Verdi selbst.

Giacosa, Giuseppe (1847–1906), Sohn eines piemontesischen Rechtsanwalts, wurde ein produktiver Bühnenautor und Librettist und neben Faccio engster Freund Arrigo Boitos. Er lehrte Geschichte und Literatur in Turin, später war er Professor für Theatergeschichte und Rezitation am Mailänder Konservatorium. Giacosa, Vertreter des literarischen Verismo, Alpinist und Genießer, war mit Emile Zola befreundet.

Maffei, Andrea (1798–1885), Ehemann von Clara, war Dichter, Librettist und Übersetzer von Goethe, Schiller, Heine, Grillparzer, Milton und Byron. Nach der Scheidung von Clara blieb er wie seine frühere Frau den Verdis eng verbunden.

Maffei, Clara Gräfin (1814–1886), genannt Clarina, Tochter des Grafen Carrara Spinelli, heiratete mit 18 den 16 Jahre älteren Dichter Andrea Maffei. Sie war nicht nur wegen ihrer großen Kunstbegeisterung, sondern auch wegen ihres Charmes so beliebt, dass ihr Mailänder Salon fünfzig Jahre lang Treffpunkt von Komponisten und Schriftstellern, Schauspielern und Sängern, Dirigenten und Dramatikern aus aller Welt war. Hier verkehrten Balzac, Puccini und Manzoni – und natürlich Verdi. Nach der Scheidung von Andrea wurde der Dichter Carlo Tenca Clara Maffeis Lebensgefährte. Giuseppina nannte sie eine Frau, „die mit Enthusiasmus lebt und einen Tempel der Freundschaft erbaut hat". Verdi war mehr als 44 Jahre mit ihr befreundet.

Manzoni, Alessandro (1785–1873), der bedeutende romantische Dichter *(Die Verlobten)*, wurde im Zeichen der Einigungsbestrebungen zum Nationaldichter erhoben; er genoss Verdis uneingeschränkte Bewunderung. 1868 lernten die beiden sich endlich kennen. Die Idee, für Manzoni eine Totenmesse zu komponieren, kam von Verdi selbst. Visitenkarten von Manzoni und Blumen von seinem Grab bewahrte er sein Leben lang auf, ebenso die Handschuhe, die er trug, als er am ersten Todestag Manzonis (22. Mai 1874) die Uraufführung des *Requiems* dirigierte.

Mariani, Angelo (1821–1873), debütierte als Dirigent mit 22 Jahren in Messina und machte rasch Karriere. Er war Verdis wichtigster Dirigent, bis er sich für den Plan, von Italiens großen Komponisten ein Requiem für Rossini komponieren zu lassen, in Verdis Augen nicht genügend einsetzte und mit schuld war an seinem Scheitern. Von da an nahm Faccio Marianis Position ein. Mariani war ein enger Freund von Verdi gewesen, mit dem er gerne Jagdausflüge machte, und lange der Verlobte von Teresa Stolz, die

diese Bindung 1871 offiziell auflöste – dass das Verdi zuliebe geschehen sei, war Gegenstand von Klatsch und Gerüchten. Ein postumes Gerücht allerdings wäre dem Dirigenten recht gewesen: Er hatte sich von Verdi ein Requiem gewünscht, und manche behaupteten deswegen, die Widmung »AM« bedeute nicht Alessandro Manzoni, sondern Angelo Mariani, denn der war nur 22 Tage nach dem Nationaldichter gestorben.

Mascheroni, Edoardo (1859–1941), trat mit nur 21 Jahren als Dirigent von *Macbeth* und *Un ballo in maschera* in Brescia auf. Verdi und Boito schafften es nach dem frühen Tod von Faccio, Mascheroni dessen Stelle an der Scala zu vermitteln. Dort dirigierte er die Uraufführung des *Falstaff* mit so großem Erfolg, dass Verdi ihn den „dritten Autor" der Oper nannte.

Merelli, Bartolomeo (1794–1879), einschlägig bekannt als Genießer, Abenteurer und Verführer, offiziell Librettist und Intendant der Mailänder Scala und der Hofoper in Wien. Er war mit Giuseppina Strepponi liiert, aber keines ihrer überlebenden Kinder stammte von ihm.

Moriani, Napoleone (1808–1878), bekannter Operntenor, Vater von zwei Kindern Giuseppina Strepponis. Er sollte 1839 in einer Aufführung von Verdis *Oberto* auftreten, die zugunsten des Pio Istituto Filarmonico gegeben wurde. Eine schwere Erkrankung Morianis verhinderte damals dieses schicksalhafte Zusammentreffen.

Muzio, Emanuele (1821–1890), war Verdis einziger Schüler; der Schuhmacherssohn, ebenfalls in der Nähe von Busseto geboren, war diesem von seinem Schwiegervater Barezzi ans Herz gelegt worden. Er wurde einer seiner treuesten Freunde.

Pantaleoni, Romilda (1847–1917), stammte aus einer Musikerfamilie: Sie war die Tochter des Dirigenten Alceo Pantaleoni und die Schwester des Baritons Adriano. Mit 21 gab sie ihr Debüt am Teatro Carcano in Mailand, feierte einen Triumph an der Scala als Gioconda und in *Marion Delorme*, einer Oper, die der Komponist Amilcare Ponchielli ihr gewidmet hatte. Sie wurde eine enge Freundin der Duse und lernte über sie deren Liebhaber Arrigo Boito kennen. Sie selbst war die Geliebte von Franco Faccio, der die Uraufführung des *Otello* dirigierte, in der sie die Desdemona sang – und versagte. Sie war nicht bei Stimme, wahrscheinlich krank, wollte aber trotz Verdis Warnung auftreten und wurde daraufhin von allen Aufführungen der Oper an anderen Opernhäusern ausgeschlossen. Obwohl Verdi es ihr verübelte, dass sie der Premiere geschadet hatte, war er es, der sie ermutigte, ihre Karriere wieder aufzunehmen. Und tatsächlich feierte die Pantaleoni mit 40 Jahren nochmals große Erfolge als Gioconda.

Piave, Francesco Maria (1810–1876), Librettist von *Ernani, I due Foscari, Macbeth* (mit Andrea Maffei), *Il corsaro, Stiffelio, Rigoletto, La traviata, Simon Boccanegra* (erste Fassung, mit Giuseppe Montanelli), *Aroldo* und *La forza del destino* (erste Fassung). Als 1867 ein Schlaganfall Piave vollständig lähmte, zahlte Verdi regelmäßig hohe Beträge zur Unterstützung seiner Familie und trug schließlich die gesamten Begräbniskosten.

Piroli, Giuseppe (1815–1890), Jurist und Politiker, war ein Jugendfreund von Verdi. Er blieb nicht nur lebenslang sein Freund und Nachbar, er wurde auch zu Verdis privatem Rechtsberater.

Ricordi, Giulio (1840–1912), Enkel des Giovanni Ricordi (1785–1853), der den berühmten Musikverlag Ricordi 1808 in Mailand gegründet hatte. Seit 1848 erschienen sämtliche Werke Verdis bei Ricordi. Kurz vor dem Tod seines Vaters Tito (1811–1888) übernahm Giulio Ricordi offiziell die Verlagsleitung, inoffiziell hatte er schon seit zwanzig Jahren den Verlag geführt. Giulio war ein Multitalent: Musiker, Maler und Komponist (unter dem Pseudonym J. Burgmein), Schriftsteller, Geschäftsmann und Herausgeber der *Gazzetta Musicale*.

Somma, Antonio (1809–1865), Anwalt, Schriftsteller und Journalist; von 1840 bis 1847 war er Direktor des Teatro Grande in Triest. Somma schrieb das Libretto zu *Un ballo in maschera* und zu dem nie vollendeten *Re Lear*.

Stolz, Teresa (1834–1902), kam aus einer böhmischen Familie von Musikern. Geboren in Elbekosteletz bei Prag, studierte sie zuerst am Prager Konservatorium, dann bei namhaften italienischen Lehrern und trat 1864 in Spoleto zum ersten Mal in einer Verdi-Oper auf: als Leonore in *Il trovatore*. „La Stolz“ sang danach zahlreiche Verdi-Partien: die Gilda, die Lady Macbeth, die Amelia, war engagiert in Palermo, Florenz und Genua und schließlich an der Mailänder Scala, an der sie in der Titelrolle von *Giovanna d'Arco* bejubelt wurde und dann als Elisabetta in *Don Carlos* einen Triumph feierte, der sie zur berühmtesten Verdi-Interpretin ihrer Zeit machte. 1869 lernt sie den Maestro endlich persönlich kennen – bei den Proben für *La forza del destino* an der Scala. 1871 kommen sich die beiden auch privat näher – so nah, dass die Stolz ihre Verlobung mit dem Dirigenten Angelo Mariani löst und Giuseppina zu Recht unter schwerer Eifersucht leidet. 1872 darf Teresa Stolz an der Scala in der europäischen Premiere der *Aida* die Titelpartie singen und tritt in dieser Rolle von Wien bis Paris auf. 1874 singt sie in Verdis *Requiem* – und bleibt, nachdem das Liebesverhältnis einem freundschaftlichen gewichen ist, bis zu Verdis Tod fast ein Familienmitglied: Sie ist dabei, als er stirbt.

Tamagno, Francesco (1850–1905), Gastwirtssohn aus Turin, begann seine Karriere als Chorsänger am Teatro Regio in seiner Heimatstadt. Sein Debüt gab er am Teatro Belli in Palermo als Riccardo in *Un ballo in maschera*. Weltruhm erlangte er als der erste Otello; Tamagno soll die lauteste Tenorstimme der Operngeschichte gehabt haben, aber ebenso unmusikalisch wie schauspielerisch unbegabt gewesen sein. Das hinderte ihn aber nicht daran, eine beispiellose Karriere zu machen, die ihn an die New Yorker Metropolitan Opera führte, an die Opernhäuser von St. Petersburg und Buenos Aires, und die er erst kurz vor seinem Tod beendete. Verdi studierte mit ihm persönlich die Partie ein, obwohl er ihn nicht für die Idealbesetzung hielt. „In vieler Hinsicht würde Tamagno sehr gut passen, aber in sehr vieler anderer nicht!" schreibt er an Giulio Ricordi am 18. Januar 1886. Und sehr doppelsinnig an Tamagno: „Es freut mich zu hören, dass Ihr die Partie des Otello zu Eurer Zufriedenheit übernehmen würdet."

Verdis dramatische Werke

L = Libretto / UA = Uraufführung

1. *Oberto conte di San Bonifacio* (*Oberto, Graf von San Bonifacio*).
   L: Antonio Piazza und Temistocle Solera. UA: Mailand, Teatro alla Scala, 17. November 1839
2. *Un giorno di regno* (*König für einen Tag*). L: Temistocle Solera (?), nach Giuseppe Felice Romani, nach Alexandre Pineux-Duval. UA: Mailand, Teatro alla Scala, 5. September 1840
3. *Nabucodonosor* (*Nabucco*). L: Temistocle Solera, nach Antonio Cortesi, nach Auguste Anicet-Bourgeois.
   UA: Mailand, Teatro alla Scala, 9. März 1842
4. *I lombardi alla prima crociata* (*Die Lombarden auf dem ersten Kreuzzug*).
   L: Temistocle Solera, nach Tommaso Grossi. UA: Mailand, Teatro alla Scala, 11. Februar 1843
5. *Ernani*. L: Francesco Maria Piave, nach Victor Hugo. UA: Venedig, Teatro La Fenice, 9. März 1844
6. *I due Foscari* (*Die beiden Foscari*).
   L: Francesco Maria Piave, nach Lord Byron. UA: Rom, Teatro Argentina, 3. November 1844
7. *Giovanna d'Arco* (*Jeanne d'Arc*).
   L: Temistocle Solera, nach Friedrich Schiller. UA: Mailand, Teatro alla Scala, 15. Februar 1845
8. *Alzira*. L: Salvatore Cammarano, nach Voltaire. UA: Neapel, Teatro San Carlo, 12. August 1845
9. *Attila*. L: Temistocle Solera und Francesco Maria Piave, nach Zacharias Werner.
   UA: Venedig, Teatro La Fenice, 17. März 1846
10. *Macbeth*. L: Francesco Maria Piave und Andrea Maffei, nach William Shakespeare.
    UA: Florenz, Teatro della Pergola, 14. März 1847
11. *I masnadieri* (*Die Räuber*).
    L: Andrea Maffei, nach Friedrich Schiller. UA: London, Her Majesty's Theatre, 22. Juli 1847
12. *Jérusalem* (*Jerusalem*; Neufassung von *I lombardi alla prima crociata*).
    L: Alphonse Royer und Gustave Vaëz, nach Temistocle Solera. UA: Paris, Opéra, 26. November 1847
13. *Il corsaro* (*Der Korsar*).
    L: Francesco Maria Piave, nach Lord Byron. UA: Triest, Teatro Grande, 25. Oktober 1848

14. *La battaglia di Legnano* (*Die Schlacht von Legnano*).
L: Salvatore Cammarano, nach Joseph Méry. UA: Rom, Teatro Argentina, 27. Januar 1849

15. *Luisa Miller.*
L: Salvatore Cammarano, nach Friedrich Schiller. UA: Neapel, Teatro San Carlo, 8. Dezember 1849

16. *Stiffelio.* L: Francesco Maria Piave, nach Emile Souvestre und Eugène Bourgeois.
UA: Triest, Teatro Grande, 16. November 1850

17. *Rigoletto.* L: Francesco Maria Piave, nach Victor Hugo. UA: Venedig, Teatro La Fenice, 11. März 1851

18. *Il trovatore* (*Der Troubadour*). L: Salvatore Cammarano und Leone Emanuele Bardare, nach Antonio García Gutiérrez. UA: Rom, Teatro Apollo, 19. Januar 1853

19. *La traviata.*
L: Francesco Maria Piave, nach Alexandre Dumas d. J. UA: Venedig, Teatro La Fenice, 6. März 1853

20. *Les Vêpres Siciliennes* (*Die Sizilianische Vesper*).
L: Augustin Eugène Scribe und Charles Duveyrier. UA: Paris, Opéra, 13. Juni 1855

21. *Simon Boccanegra.* L: Francesco Maria Piave und Giuseppe Montanelli, nach Antonio García Gutiérrez.
UA: Venedig, Teatro La Fenice, 12. März 1857

22. *Aroldo* (Neufassung von *Stiffelio*). L: Francesco Maria Piave, nach Emile Souvestre und Eugène Bourgeois.
UA: Rimini, Teatro Nuovo, 16. August 1857

23. *Un ballo in maschera* (*Ein Maskenball*).
L: Antonio Somma, nach Augustin Eugène Scribe. UA: Rom, Teatro Apollo, 17. Februar 1859

24. *La forza del destino* (*Die Macht des Schicksals*). L: Francesco Maria Piave, nach Angel de Saavedra y Ramírez de Baquedano und Friedrich Schiller. UA: St. Petersburg, Bolschoi-Theater, 10. November 1862

25. *Macbeth* (Neufassung). UA: Paris, Théâtre-Lyrique, 21. April 1865

26. *Don Carlos.* L: Joseph Méry und Camille Du Locle, nach Friedrich Schiller, nach César Vichard Saint-Real und Thomas Otway, und nach Eugène Cormon. UA: Paris, Opéra, 11. März 1867

27. *La forza del destino* (*Die Macht des Schicksals*; Neufassung).
UA: Mailand, Teatro alla Scala, 27. Februar 1869

28. *Aida.* L: Antonio Ghislanzoni, nach Auguste Mariette. UA: Kairo, 24. Dezember 1871

29. *Simon Boccanegra* (Neufassung). L: Arrigo Boito, nach Francesco Maria Piave und Giuseppe Montanelli.
UA: Mailand, Teatro alla Scala, 24. März 1881

30. *Don Carlos* (Neufassung). UA: Mailand, Teatro alla Scala, 10. Januar 1884

31. *Otello.* L: Arrigo Boito, nach William Shakespeare. UA: Mailand, Teatro alla Scala, 5. Februar 1887

32. *Falstaff.* L: Arrigo Boito, nach William Shakespeare. UA: Mailand, Teatro alla Scala, 9. Februar 1893

Bibliographie

Aimi, Amos / Angela Leandri: *Giuseppe Verdi. Il nipote dell'oste*, Parma 1998 • Amicis, Edmondo De / Giuseppina Verdi-Strepponi, in: *Verdi. Bollettino dell'Istituto di Studi Verdiani*, I/2, Parma 1960 • Budden, Julian: *Verdi. Leben und Werk*, Stuttgart © 2000 • Conati, Marcello (Hg.): *Interviews and Encounters with Verdi*, London 1984 • Gal, Hans: *Giuseppe Verdi*, Frankfurt a. M. 1982 • Gerigk, Herbert: *Giuseppe Verdi*, Potsdam 1932 • Grüninger, Fritz: *Giuseppe Verdi. Ein Lebens- und Schaffensbild*, München 1957 • Lill, Rudolf: *Geschichte Italiens vom 16. Jahrhundert bis zu den Anfängen des Faschismus*, Darmstadt 1980 • Hinterhäuser, Hans: *Italien zwischen Schwarz und Rot*, Stuttgart 1956 • Holl, Karl: *Verdi*, Berlin © 1942 • Kühner, Hans: *Giuseppe Verdi in Selbstzeugnissen und Bilddokumenten*, Reinbek 1961 • Marggraf, Wolfgang: *Giuseppe Verdi*, Mainz / London / New York / Tokio 1986 • Mingardi, Corrado: *Con Verdi nella sua terra*, Fidenza 1997 • Neisser, Arthur: *Giuseppe Verdi*, Leipzig 1914 • Pauls, Birgit: *Giuseppe Verdi und das Risorgimento. Ein politischer Mythos im Prozess der Nationenbildung*, Berlin 1996 • Pougin, Arthur: *Verdi. Sein Leben und seine Werke*, Leipzig 1887 • Tintori, Giampiero / Pierre Petit: *Giuseppe Verdi*, Hamburg 1966 • Verdi, Giuseppe: *Briefe*, hg. v. Franz Werfel, Berlin/Wien/Leipzig 1926; ders.: *Briefe*, hg. v. Hans Busch, Frankfurt a. M. 1979; ders.: *Boito. Briefwechsel*, hg. v. Hans Busch, Frankfurt a. M. 1986 • Wallner-Basté, Franz (Hg.): *Verdi, aus der Nähe. Ein Lebensbild in Dokumenten*, Zürich 1979 • Weissmann, Adolf: *Verdi*, Stuttgart / Berlin 1922

Verzeichnis der Rezepte

Antipasti e Insalate
Vorspeisen und Salate

Zuppe e Verdure
Suppen und Gemüsegerichte

Pasta e Riso
Pasta und Reis

Secondi Piatti
Hauptgerichte

Dolci
Süßspeisen

Sughi e Salse
Saucen

G Verdi